유토피아

돋을새김 푸른책장 시리즈 **005**

# 유토피아 [개정판]

초판 발행 2006년 7월 15일
개정 3쇄 2019년 9월 10일

지은이 | 토마스 모어
옮긴이 | 권혁
발행인 | 권오현

펴낸곳 | 돋을새김
주소 | 경기도 고양시 일산동구 중산동 1730-1 K시티빌딩 301호
전화 | 031-977-1854~5  팩스 | 031-976-1856
홈페이지 | http://blog.naver.com/doduls  전자우편 | doduls@naver.com
등록 | 1997.12.15. 제300-1997-140호
인쇄 | 금강인쇄(주)(031-943-0082)

ISBN 978-89-6167-215-3 (03340)
Copyright ⓒ 2006, 2015, 권혁

값 10,000원

돋을새김
푸른책장
시 리 즈
0 0 5

# 유토피아

**토마스 모어** | **권혁** 옮김

돋을새김

생명보다 신념을 택했던 토마스 모어는
사형집행관에게 말했다.

"내 목은 짧으니 조심해서 자르게."

**토마스 모어 Thomas More 1478~1535**
그는 자유와 휴머니즘을 추구한 인문주의자이자 독실한 신앙인이었다.

## | 일러두기 |

1. 유토피아는 1516년에 라틴어 초판이 발행된 이후 지금까지 거의 500년 동안 수많은 판본들이 출간되었다. 라틴어 판본 중에서는 1518년 11월에 간행된 바셀(Basel)본이, 영어 판본 중에서는 1965년에 예일 대학에서 간행된 『성 토마스 모어 전집』 제4권에 수록된 번역본이 가장 의미 있는 판본으로 인정받고 있다.

2. 이 책은 킹스 칼리지 대학의 헨리 몰리(1822~1894)와 옥스퍼드 대학 폴 터너(1917~  )의 영문 번역본을 원본 텍스트로 삼아 번역했다(폴 터너는 두 사람의 대화 형식으로 되어 있던 판본을 인용 부호의 번잡함을 피하기 위해 희곡과 같은 형식으로 바꾸었다).

3. 이 책의 앞머리에 수록된 유토피아 알파벳과 편지글은 1518년 라틴어 판본의 전범을 따랐다. 각주는 주로 폴 터너 영문본을 참고했다.

4. 제1권과 제2권에 붙인 제목은 J. H. 헥스터(1910~1996)가 1965년 예일 판본에 붙인 제목을 따온 것이다.

# 차례

## 친애하는 피터 자일즈 선생께,

선생께서 6주 내에 받을 수 있을 것이라 굳게 믿고 있었던 이 유토피아 공화국에 관한 소책자를, 거의 일 년 동안이나 기다리게 해놓고 이제서야 보내게 되니 부끄러울 따름입니다.

알고 계시다시피, 이 책을 쓰면서 내 나름의 주제를 찾아내야 한다거나 적절한 형식을 생각해내야 하는 등의 어려움은 없었습니다. 내가 한 일이라곤 라파엘 씨가 우리들에게 해주었던 이야기를 그대로 옮겨 적기만 하면 되는 것이었습니다. 또 그의 표현법이 특출하게 세련된 것도 아니었기 때문에 적절한 어휘를 선택하기 위해 고심해야 할 필요도 없었습니다.

그의 이야기는 모두 즉석에서 이루어진 것이었고 또 잘 아시는 것처럼, 그가 사용하는 라틴어가 그리스어만큼 훌륭한 것은 아니었으니까요. 그래서 소박하면서도 격식 없이 드러내는 그의 표현법에 익숙해질수록 진실에 더 가까이 다가갈 수 있었습니다. 이런 일에 있어서 바로 그 진실이야말로 내가 유일하게 고심하는 것이고, 또 고심해야만 하는 것이니까요.

피터 선생, 물론 전 알고 있습니다. 대부분의 내용들은 이미 다 만들어져 있는 것이므로 사실 내가 해야 할 일은 아무것도 없다는 것 말입니다.

하지만 다른 경우였다면, 설사 무척 지적이고 교양 있는 사람이라 할지라도 이러한 책을 구상하고 잘 다듬기 위해서는, 상당한 시간과 생각을 쏟아부어야 한다는 것을 생각해보십시오.

만약 서술이 정확하면서도 동시에 우아해야 했다면 제아무리 많은 시간과 생각을 쏟아부어도 이 일을 해내지 못했을 것입니다. 하지만 나는 그런 것들 때문에 고민하지는 않았습니다. 그저 내가 들었던 것들을 옮겨 적기만 했을 뿐이며, 그건 무척이나 쉬운 일이었습니다.

그러나 처리해야 할 여러 가지 일들 때문에 이처럼 쉬운 일을 할 시간이 없었습니다. 법정에서 변호인석과 재판정을 넘나들며, 민사

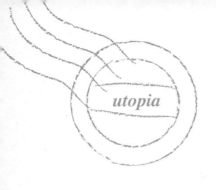
*utopia*

와 형사 사건들을 처리하느라 고된 시간을 보내야 했습니다. 게다가 업무만이 아니라 사교적인 만남을 위해 찾아오는 사람들을 만나야 했습니다. 하루 종일 숱한 사람들을 만나며 밖에서 지내고 그 나머지 시간은 가족들과 보냈습니다. 그러니 온전하게 글을 쓸 수 있는 시간은 없었습니다.

아시겠지만, 집에 돌아오면 아내와 이야기를 나눠야 하고, 아이들과도 이런저런 소소한 이야기도 해야 하고 또 하인들과도 여러 가지를 의논해야 합니다. 이러한 것도 내가 해야 할 일들 중 하나니까요. 내 집안에서조차 서먹한 이방인이 되지 않으려면 꼭 해야만 하는 일들이지요. 더 나아가 스스로 선택한 사람들이든, 우연한 인연으로 가족 관계를 맺게 되었든 간에, 함께 살아갈 사람들에게는 언제나 잘 대해주어야 하는 게 당연하거든요. 아이들이 버릇없이 자라거나, 하인들이 주인 행세를 할 정도가 아닌 한은 잘 대해줘야 합니다.

그렇게 하루가 가고 한 달이 지나고 한 해가 지나가버렸습니다. 그럼, 언제 이 책을 다 쓴 거냐고 물으실 수도 있겠군요. 그러고 보니 내가 아직 잠자는 시간과, 잠자는 시간만큼이나 사람들이 많이 할애하는 식사 시간에 대해선 말씀을 드리지 않았군요. 사실 잠자는 시간과 식사 시간을 줄여서 생긴 시간만이 온전히 나 자신을 위해 사용할 수 있는 시간입니다. 그런 시간이 넉넉하진 않았기 때문에 내 작업은 무척 더딜 수밖에 없었습니다. 하지만 그나마 그런 시간을 가질 수 있어서 마침내 이렇게 『유토피아』를 완성하여 보낼 수 있게 된 것입니다.

존경하는 피터 선생, 이 책을 다 읽고 난 후에 혹시라도 내가 빠뜨린 것이 있다면 말씀해주십시오. 평소에 나의 학식과 지능이 나의 기억력을 따라올 정도만 된다면 좋겠다고 생각하고 있기 때문에, 그 책 속의 기록들에 대해선 자신감을 갖고 있지만, 빠뜨린 것이 전혀 없다고 장담할 수는 없군요.

기억하고 계시겠지만, 나의 젊은 조수인 존 클레멘트가 그때 우리와 함께 있었습니다. 조금이라도 교육적인 가치가 있다고 생각되는 대화를 나누는 자리에 그 친구를 꼭 동석시켰던 건, 그가 이미 라틴어와 그리스어에 소질을 보이기 시작했고 또 언젠가는 커다란 도움이 될 것이라고 기대하고 있었기 때문이었습니다. 그런데 딱 한 가

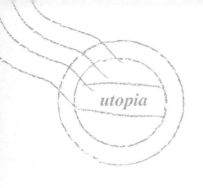

지 문제에 있어서만큼은 전혀 미덥지가 않았습니다.

내 기억으로는, 라파엘이 아마우로툼에 있는 아니드루스 강을 가로질러 놓인 다리의 길이를 5백 야드라고 했던 것 같은데, 존은 그 강의 넓이가 3백 야드가 채 되지 않으니, 그 길이를 2백 야드 줄였으면 좋겠다고 하더군요. 혹시, 선생께서 그 정확한 수치를 기억하실 수 있겠는지요? 존의 말이 옳다고 하신다면, 그 판단에 따라 내 기억이 잘못된 것이라고 생각하겠습니다. 하지만 그에 대해 전혀 기억을 못하신다면, 내 기억에 따라 기록한 대로 놓아두려고 합니다.

아시다시피 나는 내가 전하는 사실들이 정확해야 한다는 생각에 노심초사했습니다. 설사 내가 제대로 전달하지 못해 의심스러운 것들이 있다 해도 그것은 전혀 의도적인 것이 아닙니다. 나는 영리하다기보다는 정직하다는 소리를 더 많이 듣고 싶습니다.

어쨌든, 가장 간단한 해결책은 선생께서 라파엘 씨에게 직접 물어보거나 편지를 써서 확인하는 것입니다. 어차피 그것 말고도 또 다른 작은 문제 하나가 생겼기 때문에 그렇게 하셔야만 할 것 같습니다. 그것이 나와 선생의 실수였는지 아니면 라파엘 씨의 실수였는지 모르겠지만, 그 유토피아라는 신세계가 어디에 있는지에 대해 우리도 전혀 물어볼 생각을 안 했고, 그분 역시 말해줄 생각을 하지 않았다는 것입니다.

누락된 그 부분만 채워 넣을 수 있다면, 내가 가지고 있는 적은 재산이나마 기꺼이 내놓겠습니다. 무엇보다도 그 섬이 어느 바다에 있는지조차 모르면서 그 섬에 대한 이야기를 썼으니 내가 바보가 아닌가 하는 생각이 들기 때문입니다. 그리고 여기엔 그곳에 가보고 싶어 하는 몇몇 사람이 있답니다.

그중에서도 특히 매우 신앙심이 깊은 신학자 한 분이 그 유토피아에 꼭 가보기를 간절히 원하고 있습니다. 한가로운 호기심 때문이 아니라, 그곳에 이제 막 성공적으로 소개된 기독교를 보다 더 번성하게 하고 싶어서입니다.

그분은 공식적으로 그곳에 가기 위해 교황께 청원하여 실제로 유토피아의 주교로 파견되기 위해 애쓰고 있습니다. 그분은 그러한 지위를 청원하는 데 있어 조금도 꺼려하지 않았습니다. 어떤 이익이나 특권을 바라는 것이 아니라 순수한 열정으로 청원하는 것이므로, 그것이 받아들여진다 해도 매우 떳떳한 일이라고 생각하기 때

*utopia*

문입니다.

그러니 피터 선생, 가능하면 라파엘 씨를 직접 만나시거나, 아니면 편지를 통해서라도 내가 쓴 책 속의 내용이 모두 사실이며, 진실만이 담겨 있다는 것을 확인해주실 수 있으신지요? 선생께서 이 책을 그분께 직접 보여드리는 것이 가장 좋은 방법일 것 같습니다. 어떤 잘못이 있다면 그분만이 그것을 바로잡을 수 있는 유일한 사람인데, 이 책을 꼼꼼히 다 읽어보지 않고는 잘못된 부분을 제대로 찾아낼 수 없을 테니까요.

또한 책을 직접 보여주게 되면 그 자신이 연구했던 것들을 내가 글로 옮겨놓은 것에 대해 어떤 반응을 보이는지도 확인할 수 있을 것입니다. 만약 그분이 직접 기록으로 남길 계획을 갖고 있었다면 내가 글로 남기는 것을 원치 않을 수도 있겠지요. 나 또한 유토피아에 대한 이야기를 설익은 상태로 발표해서, 그의 이야기가 지닌 신선한 매력을 잃게 되는 것을 바라지 않습니다.

더구나 진심을 말씀드리자면, 나는 이 책의 출간 여부에 대해서도 아직 마음을 정하지 못했습니다. 사람들의 성향이라는 것이 참으로 다양한 데다, 유머도 전혀 없고, 너무 무자비하고, 또 생각이 어이없을 정도로 비뚤어진 사람들이 있어서, 대중들을 가르치거나 즐겁게 해주기 위해 애쓰고 노심초사하기보다는 그저 편안하고 느긋하게 인생을 즐기는 것이 더 나을지도 모를 일이거든요.

대중들은 한 인간의 그런 노력에 대해 비웃음과 냉소를 보낼 뿐, 감사하는 마음은 조금도 없습니다. 문학을 이해하는 독자들은 거의 없으며, 또 많은 사람들이 경멸의 시선으로 바라봅니다. 교양이 없는 사람들은 조금이라도 교양과 연관되어 있는 것은 무엇이든 부담스러워합니다. 지식인들은 케케묵은 고문체로 꽉 채워져 있지 않으면 천박하다고 내칩니다. 오로지 고전만 애호하는 사람들이 있고 또 자기 시대의 작품만 좋아하는 사람들도 있습니다.

너무나도 진지해서 모든 유머를 배척하는 사람들도 있고, 경직되고 미련해서 재치 있는 말장난을 참지 못하는 사람들도 있습니다. 자자구구에 지나치게 민감해서 아주 경미하게 풍자한 문장을 보고도 마치 공수병 환자가 물을 보고 괴로워하는 것만큼이나 고통스러워하는 사람들도 있습니다. 그런가 하면 자리에서 일어서고 앉을 때마다 시시각각으로 상반된 결론을 내리는 사람들도 있습니다.

선술집에 둥지를 틀고 앉은 술에 찌든 비평가들은 권위를 앞세우

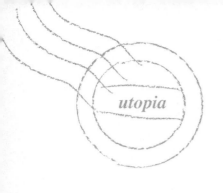

*utopia*

며 자기들 멋대로 형편없는 작품이라는 선고를 내립니다. 그들은 마치 검투사가 상대방의 머리칼을 움켜쥐듯이 남의 작품들을 틀어쥐고 험담을 쏟아부으며 작가들을 끌어내립니다. 반면에 그들은 아무런 공격도 받지 않습니다. 그들의 메마른 머리에는 머리카락이 전혀 없어서 움켜쥘 것이 아무것도 없기 때문입니다.

　게다가, 어떤 책을 무척이나 즐겁게 읽었으면서도 그 글을 쓴 작가에 대해서는 아무런 애정도 느끼지 않는, 감사라고는 전혀 할 줄 모르는 독자들도 있습니다. 그들은 성대한 만찬에 초대받아 배불리 먹고 나서 주인에게 고맙다는 말 한마디 없이 집으로 돌아가는 무례한 손님과도 같습니다. 까다롭고 예측할 수 없는 취향을 지닌 데다, 그토록 심오한 감사의 마음을 지니고 계신 대중들을 위해 자비를 들여 이성(理性)의 만찬을 준비하느라 온갖 지혜를 다 동원했는데도 말입니다.

　하지만 내가 말씀드린 대로, 라파엘 씨와 만나주십시오. 비록 이미 책을 쓰는 수고를 끝낸 지금에 와서 제대로 고치기는 늦었지만, 다른 의문점에 대해서는 나중에 생각해보기로 하겠습니다. 그러니 그분이 반대하지만 않는다면, 이 책을 출간할지 말지에 대한 문제는 내 친구들의 권고, 특히 당신의 조언에 따르기로 하겠습니다.

존경하는 피터 자일즈 선생, 당신과 매력적인 부인께 안부 인사를 전합니다. 부디 언제나처럼 저를 좋아해주시길 바랍니다. 저는 그 언제보다 더 당신을 좋아하고 있습니다.


토마스 모어

친애하는 버스라이덴 씨께,

며칠 전에 귀하의 훌륭한 친구이신 토마스 모어 씨께서 『유토피아』 원고를 보내주셨습니다. 귀하도 분명 동의하겠지만 그분은 우리 시대가 자랑스러워하는 인물 중 한 분이십니다. 현재로선 그 섬에 대해 알고 있는 사람이 거의 없지만 곧 모든 사람들이 꼭 알고 싶어 하게 될 것입니다.

이 원고는 플라톤이 쓴 『국가론』과 비슷한 내용이지만, 그분처럼 재능 있는 저자가 쓴 것이어서 더 좋은 것 같습니다. 그분은 모든 이야기를 너무나도 생생하게 묘사하고 있어서, 그분의 글을 읽고 있노라면 실제로 라파엘 히드로다에우스 씨가 직접 들려줄 때보다 —— 대화를 나누던 당시에 저도 모어 씨와 함께 있었답니다 —— 더 선명하게 그곳의 모습이 눈앞에 펼쳐지는 것만 같습니다.

하지만 라파엘 씨도 정말 놀라울 만큼 이야기를 잘 해주셨습니다.

그는 분명 남의 이야기를 다시 들려준 것이 아니라, 본인이 직접 그곳에서 오랫동안 살면서 겪었던 일들을 설명한 것입니다. 저는 그가 율리시즈보다 더 많은 세상을 둘러보았을 거라고 믿고 있습니다. 적어도 지난 8백 년 동안에는 그와 같은 사람이 없었다고 생각합니다. 그는 베스푸치의 항해 정도는 정말 아무것도 아니라는 생각이 들게 했습니다.

또한 모어 씨는 묘사를 자세하게 하는 데도 정말 특별한 재주가 있는 분이었습니다. 남에게서 들은 이야기보다 직접 본 것을 훨씬 효과적으로 설명할 수 있는 법인데, 동일한 상황에 대한 모어 씨의 그림같이 절묘한 묘사를 읽으면서 난 가끔씩 내가 지금 진짜 유토피아에 살고 있는 것은 아닌가 하는 생각이 들기도 했습니다.

솔직히 나는 라파엘 씨가 그곳에서 5년 동안 살면서 보았던 것보다 더 많은 것을 그분의 묘사를 통해 볼 수 있다고 생각합니다. 페이지를 한 장 한 장 넘길 때마다 깜짝 놀랄 만한 이야기들을 만날 수 있었습니다.

엄청나게 긴 이야기를 단어 하나 빠뜨리지 않고 정확하게 다시 옮

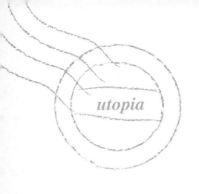

*utopia*

겨놓은 뛰어난 기억력, 지금까지 대부분의 사람들이 모르고 있던 모든 사회악들의 실제적이고도 잠재적인 원인들을 즉시 파악해내는 영리함, 문체에서 느껴지는 힘과 유려함, —— 특히 공적으로나 사적으로 수많은 일들을 처리하느라 정신없이 바쁘셨을 텐데도 불구하고 —— 그토록 정확하고 활력 있는 라틴어로 그처럼 다양한 주제들을 다루는 솜씨까지, 나는 대체 그분의 어떤 점에 먼저 감탄하고 어떤 점을 가장 놀라워해야 할지 모르겠습니다.

하지만 이런 모든 것들이 귀하와 같은 훌륭한 학자에게는 그다지 놀라운 일은 아니겠지요. 더구나 귀하는 이미 그분과 잘 알고 지내는 사이이고, 초인적이라고 말하기는 어렵지만 비범한 그의 능력에 익숙하실 테니까요.

모어 씨가 다녀가신 다음에 히드로다에우스 씨가 우연한 기회에 유토피아의 알파벳과 함께 보여주었던 유토피아어로 씌어진 4행시를 덧붙이는 것 외에는, 그분이 쓰신 글에 내가 덧붙일 것은 전혀 없었습니다. 다만 몇 개의 주석을 달아놓았을 뿐입니다.

그런데 모어 씨는 섬의 정확한 위치를 몰라 적잖게 염려하고 있습니다. 사실 라파엘 씨는 그때 섬의 위치를 말해주었습니다. 하지만 마치 나중에 다시 알려주겠다는 듯 아주 간단하게 스쳐 지나듯이 설명했고, 또 왜 그랬는지 알 수 없는 이유로 우리 두 사람 다 정확히 듣지 못했습니다.

라파엘 씨가 그 문제에 대해 말하려고 할 때, 하인 하나가 모어 씨에게 다가와 귓속말로 무언가를 전했습니다. 그래서 나는 더욱 집중해서 그 이야기를 들으려고 했지만, 바로 그 결정적인 순간에 라파엘 씨의 동료 중 한 사람이 심하게 기침을 하기 시작했습니다. 그 사람은 배에서 감기에 걸린 것 같았습니다. 그래서 라파엘 씨의 나머지 말들은 전혀 들을 수가 없었습니다.

어쨌거나 나 역시 그 문제를 정확하게 알아내기 위해 노력할 것이며, 그 섬이 정확히 어디에 있는지, 위도를 비롯한 모든 것들을 알려드릴 수 있을 것입니다. 적어도 우리의 친구인 라파엘 씨가 아직 안전하고 건강하게 지내고 있다면 가능할 것입니다.

요즘 그에 대한 몇 가지 서로 다른 이야기를 들었습니다. 어떤 사람들은 그가 여행 중에 죽었다고 하는가 하면, 자기 나라로 돌아갔

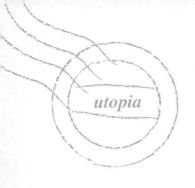

다고 말하는 사람들도 있습니다. 또 그가 유토피아를 잊지 못해서, 혹은 유럽 사람들의 생활방식을 견딜 수가 없어서, 그곳으로 다시 돌아갔다고 말하는 사람들도 있습니다.

귀하께선 아마도 지리책에 유토피아에 대해 아무런 언급도 없는 것을 의아해하실 텐데, 그 문제는 라파엘 씨가 아주 적절하게 정리해서 말씀해주셨습니다. 그분은 옛날 사람들이 그곳을 다른 이름으로 불렀거나, 그곳에 대해 전혀 들어보지도 못했을 수도 있다고 하셨습니다. 오늘날에도 오래된 지리책들에 전혀 언급된 바 없는 나라들이 계속 발견되고 있으니까요. 하지만 내가 그것을 입증할 필요는 없을 것 같습니다. 모어 씨와 같은 권위 있는 분에게 맡기면 되는 일이니까 말입니다.

이 책의 출판을 주저하고 있는 모어 씨의 겸손함을 이해하고 또 존경합니다. 하지만 개인적으로는 이런 작품을 오랫동안 발표하지 않고 있을 이유가 없으며, 오히려 가능한 가장 빠른 시일 안에 널리 읽혀야 한다고 생각합니다. 세상 사람들에게 권유하는 귀하의 추천사가 있다면 더욱 좋을 것입니다. 귀하께서는 모어 씨의 천재적인 소질에 대해 누구보다 잘 알고 계시기 때문입니다. 그리고 이런 훌륭한 사상을 대중들에게 소개하는 데 있어, 오랫동안의 공직 생활을 통해 지혜와 청렴함으로 최고의 찬사를 받아온 귀하보다 더 적합한 사람이 있겠습니까?

학문의 위대한 후원자이시며, 또한 이 시대의 자랑스러운 인물 중의 한 분인 귀하에게 행운이 깃들기를 기원합니다.


1516년 11월 1일 앤트워프

피터 자일즈

## VTOPIENSIVM ALPHABETVM.

a b c d e f g h i k l m n o p q r s t v x y

Tetrastichon vernacula Vtopiensium lingua.

Vtopos      ha      Boccas      peu      la

chama      polta      chamaan

Bargol      he      maglomi      baccan

soma      gymno      sophaon

Agrama      gymnosophon      labarembacha

bodamilomin

Voluala      barchin      heman      la

lauoluola      dramme      pagloni.

Horum versuum ad verbum hæc est sententia.

Vtopus me dux ex non insula fecit insulam

Vna ego terrarum omnium absq; philosophia

Ciuitatem philosophicam expressi mortalibus

Libeter impartio mea, no grauatim accipio meliora.

| 라파엘 히드로다에우스가 전해준 유토피아의 알파벳과 4행시 |

　기호처럼 보이는 것이 유토피아 문자이고, 아래 라틴어는 유토피아 문자로 쓴 4행시를 라틴어로 옮긴 것이다. 그것을 번역하면 다음과 같다.

　유토포스 장군이 섬이 아닌 나를 섬으로 만들었다.
　모든 나라들 중에서 나만이 철학 없이도
　인간들을 위해 철학적인 생각을 만들었다.
　기꺼이 내가 가진 것을 나누어주며, 더 나은 것은 스스럼없이 받아들인다.

# UTOPIA

## 제1권
## 고문관들의 대화

# 제1권

    최근 위대한 통치자이시며 무적의 영국 국왕이신 헨리 8세 전하와 카스틸랴[1] 왕국의 찰스 전하[2] 사이에 상당히 심각한 의견 차이[3]가 발생했다. 전하께서는 이 문제를 협의하고 원만히 해결하기 위해 나를 플랑드르에 파견하셨다.

    나는 커드버트 턴스탈 경[4]과 함께 동행하게 되었는데, 그는 아주

---

1  스페인 중부에 있던 옛 왕국. 당시 스페인 중부에는 카스틸랴 왕국과 아라곤 왕국이 있었다.

2  찰스 5세(Charles V, 1500~1558). 신성로마제국의 황제(재위 1519~1556) 카를 5세를 가리킨다.

3  헨리 8세는 중단했던 플랑드르와의 무역을 재개하기 위해 플랑드르에 사절단을 보냈는데, 토마스 모어도 사절단의 일원으로 함께 떠났다. 그리고 그 지역에서 지내는 동안 『유토피아』 제2권을 썼다.

4  커드버트 턴스탈(Cuthbert Tunstall, 1474~1559). 런던의 주교를 지낸 성직자. 루터의 프로테스탄트 운동에 반대해 영국의 종교개혁가 윌리엄 틴들이 영어로 번역한 『신약성서』를 불태우기도 했다.

뛰어난 분으로 그 무렵 문서보존소의 고등법관으로 임명되어 훌륭하게 직무를 수행하고 있었다. 그의 학식과 도덕적인 인품에 대해서는 언급하지 않기로 하겠다. 그에 대해 너무 호의적이어서 편향된 생각을 갖고 있다고 오해받을 것이 두려워서가 아니라, 너무나도 뛰어나므로 내가 언급하는 것이 격에 맞지 않기 때문이다. 게다가 그의 학식과 인품은 너무나도 잘 알려져 있으므로 내가 특별히 말할 필요도 없다. 지극히 명백한 사실을 설명하기 위해 내가 구태여 애쓸 필요가 없다는 이야기다.

우리 일행은 사전에 협의한 대로 하나같이 대단한 명망가들로 구성된 카스틸랴의 사절단과 브뤼주에서 회동했다. 그들 사절단의 공식적인 대표는 부뤼주의 시장이었으며 그는 참으로 훌륭한 사람이었다. 그러나 논의의 내용과 진행은 대부분 카셀의 수도원장인 조지 드 테임세크가 주도했다. 그는 학식이 뛰어난 데다가 타고난 연설가였다. 또한 법률 전문가였으며 타고난 재능과 오랜 동안의 경험을 갖춘 최고의 협상가이기도 했다.

한두 차례 회담을 했지만 그래도 합의에 이르지 못한 몇 가지 문제점들이 있었으므로, 그들은 우리와 헤어져 며칠 동안 자신들의 국왕과 의견을 조율하기 위해 브뤼셀로 갔다. 그동안 나는 개인적인 일을 처리하기 위해 앤트워프를 방문했다.

## 특별한 탐험가 라파엘 히드로다에우스를 만나다

앤트워프에 머무는 동안 여러 사람들이 나를 찾아주었지만, 그 중에 내가 제일 반가웠던 사람은 그곳 출신 청년인 피터 자일즈였다. 그는 앤트워프의 주민들로부터 대단히 존경받는 사람이었고, 또 이미 중요한 직책을 맡고 있었지만 가장 높은 직책을 맡아도 될 만큼 충분한 자격을 갖춘 사람이었다. 그는 뛰어난 지성과 바른 품성으로 내게 깊은 인상을 남겼는데, 그중 어느 것이 더 뛰어난지 가늠하기 힘들 정도였다.

또한 그는 아주 특출한 학자이면서 참으로 훌륭한 인물이었다. 누구에게나 나무랄 데 없을 만큼 친절했지만 특히 자신의 친구들에게는 너무나도 진심 어린 호의와 충실함, 그리고 사랑으로 대했다. 우정에 대해서라면 그와 비교할 사람이 없다고 할 정도였다. 그는 지극히 겸손했지만 전혀 꾸밈이 없었으며 그 누구도 따를 수 없을 만큼 소박한 사람이었다. 또한 그 어느 누구의 감정도 상하지 않게 하면서 재치 있는 이야기로 즐거움을 주는 재담가이기도 했다. 당시 나는 집을 떠난 지 넉 달이나 지난 때였으므로 하루빨리 영국으로 돌아가 아내와 아이들을 보고 싶은 마음이 간절했다. 하지만 그와 만나 흥미진진한 이야기를 듣는 즐거움으로 고향을 그리는 마음을 많이 달랠 수 있었다.

어느 날, 언제나 사람들로 붐비는 웅장한 노트르담 사원에서 열린 미사에 참석했다가 숙소로 돌아가려고 할 때, 피터 자일즈가 검게 그을린 얼굴에 수염을 길게 기르고 한쪽 어깨에 망토를 아무렇게나 걸치고 있는[5] 나이 지긋한 외국인과 이야기하고 있는 것을 보게 되었다. 나는 외모와 옷차림새를 보아 그가 뱃사람일 것이라고 생각했다.

그때 나를 발견한 피터가 재빨리 다가와 인사를 건넸다. 그리고는 내가 미처 인사를 건네기도 전에 약간 떨어진 곳으로 나를 이끌고 갔다.

"저기 있는 저분 보이시죠? 마침 저분을 모시고 선생님을 찾아뵈려고 하던 참이었습니다."

그는 자기와 이야기하고 있던 사람을 가리키며 말했다.

"당신의 친구라면 즐거운 마음으로 만날 수 있지요."

"저분이 어떤 사람이라는 걸 알게 되시면, 더욱 기뻐하시게 될 겁니다. 낯선 나라들과 그곳 사람들에 대한 이야기를 저분만큼 풍부하게 들려줄 수 있는 사람은 이제 없으니까요. 선생님께서 그런 것들에 무척 관심이 많으시다는 걸 제가 잘 알지요."

"그렇다면 내 추측이 그리 틀리진 않았군요. 저분을 봤을 때, 분명 뱃사람일 거라고 생각했거든요."

"그렇게 생각하셨다면 아주 잘못 보신 겁니다. 저분은 팔리누루스[6] 같은 선원은 아니거든요. 저분은 율리시즈에 버금가는 여행자

---

5  평소 모어의 차림새가 이런 모습이었다고 한다.

6  그리스 신화와 베르길리우스의 서사시 『아이네이스』에 나오는 유명한 타수(舵手). 트로이 전쟁에 참가했다. 여기서 그의 이름을 든 것은 그가 유능한 키잡이이긴 하지만 율리시즈나 플라톤 같은 뛰어난 인물은 아니라는 걸 강조하기 위한 것이다.

이거나 플라톤과 견줄 수 있는 철학자입니다. 라파엘 씨가 —— 저분의 이름은 라파엘 히드로다에우스[7]입니다 —— 훌륭한 학자라는 건 금방 아시게 될 겁니다. 저분은 라틴어도 무척 잘하지만 그리스어는 그보다 훨씬 더 정통하시거든요. 본래 철학에 관심이 많았기 때문에 그리스어를 집중적으로 익혔다고 합니다. 라틴어로 씌어진 것 중에선 세네카와 키케로가 남긴 몇 가지 글 외에는 쓸 만한 것이 별로 남아 있지 않기 때문이라고 하더군요.

세상을 둘러보고 싶어 전 재산을 고향 포르투갈의 형제들에게 맡기고 아메리고 베스푸치[8]의 탐험대에 합류했다고 합니다. 요즈음 누구나 다 읽고 있는 그『4대항해』[9]라는 책은 알고 계시죠? 라파엘 씨는 그 네 번의 항해 중에서 처음 세 번을 줄곧 함께했던 분입니다. 그런데 마지막 항해에서 베스푸치와 함께 돌아오지 않았던 거죠. 항해를 끝내고 돌아오는 대신 베스푸치에게 그 요새에 남을 스물네 사람 중의 한 명이 되겠다고 강력하게 요청했던 것입니다. 그래서 그곳에 머물게 되었고, 자신이 가장 좋아하는 여행에 푹 빠져들 수 있게 되었던 거죠.

---

7  모어가 만들어낸 가공의 인물. 라파엘(Raphael)은 히브리어로 '신은 병을 고친다'라는 뜻이며, 히드로다에우스(Hythlodaeus)는 그리스어로 '넌센스'라는 뜻의 'hythlos'에서 나온 것이다.

8  아메리고 베스푸치(Amerigo Vespucci, 1451~1512). 이탈리아 피렌체 출신의 상인이자 항해사. 신대륙 초기 탐험자로 1497~1503년에 걸쳐 신대륙까지 여러 번 항해하였다. 그의 이름 아메리고에서 아메리카라는 지명이 유래되었다.

9  1505년경 발간된 베스푸치의『4회의 항해에서 새로 발견된 육지에 관한 아메리고 베스푸치의 서한』을 가리킨다.

저분은 자신이 어디에서 죽는가에 관해선 전혀 관심이 없습니다. 좋아하는 경구가 두 개 있는데, '무덤에 묻히지 못한 자는 하늘이 덮어준다'[10] 라는 말과 '어디에서 출발하든 천국에는 도착할 수 있다'[11]라는 것입니다. 사실 하느님의 자비로움이 없었다면 무척이나 곤경을 겪었을 태도죠.

여하튼 베스푸치가 돌아가고 난 후, 라파엘 씨는 그곳에 남게 된 수비대원 다섯 명과 정말 엄청난 탐험을 계속했습니다. 결국 그들은 세이론에 도착하게 되었는데, 그건 정말 엄청난 행운이었던 겁니다. 그곳에서 캘리컷[12]을 향해 길을 떠났는데 정말 다행스럽게도 거기서 포르투갈 선박을 만나 전혀 예상치도 못했던 귀국길에 오르게 되었던 것이죠."

"그렇군요. 알려주셔서 정말 고맙습니다. 그런 분과 이야기를 나눌 수 있다는 건 정말 즐거운 일이지요. 내게 그럴 수 있는 기회를 주셔서 감사합니다."

그리고 나는 라파엘에게 다가가 악수를 청했다. 그와 나는 사람을 처음 만나게 되었을 때 흔히 나누는 평범한 인사말을 주고받은 후 자리를 내가 묵고 있던 숙소로 옮겨 잔디로 뒤덮인 정원의 벤치에 앉아 보다 편안하게 이야기를 나누기 시작했다.

---

10　로마 시인 루카누스(Lucanus, 39~65)의 말.

11　고대 그리스 철학자 아낙사고라스(Anaxagoras, 기원전 500?~428)의 말.

12　포르투갈의 항해사 바스코 다 가마(Vasco da Gama, 1469~1524)가 희망봉을 돌아 동쪽으로 가서 도착한 인도 남부의 항구.

AMERICUS VESPUTIUS

**아메리고 베스푸치**

신대륙을 항해한 탐험가. 나침반과 지구의 등은 신대륙 발견을
위한 원거리 항해에 새로운 전기를 마련했다.

## 라파엘이 항해 이야기를 시작하다

라파엘은 제일 먼저, 베스푸치가 떠나고 난 후 요새에 남아 있던 그와 대원들에게 일어났던 일들을 들려주었다.

그들은 공손하고 우호적인 태도를 취했기 때문에 점차 그곳의 주민들과 매우 친해지게 되었고, 오래지 않아 우호적인 정도를 넘어 서로를 무척 아껴주는 사이가 되었다.

그들은 지금은 내가 그 이름과 국명을 기억하지 못하는 어떤 왕과 특별한 친분을 갖게 되었다고 했다. 그 왕은 매우 친절하게도 라파엘과 그의 다섯 동료들에게 탐험하는 동안에 필요한 음식과 돈을 제공해주었으며 마차는 물론 보트까지도 빌려주었다. 또한 그곳 지리에 밝은 안내인도 동행하게 하여 여행중에 마주치게 될 여러 왕들에게 소개장을 건네도록 해주었다. 그렇게 여러 날 동안 여행을 하면서 그들은 매우 높은 수준의 정치 조직을 갖추고 있는 대도시들과 인구가 조밀한 지역들을 관찰하게 되었다.

적도 지역이었으므로 당연히 대부분의 지역이 타는 듯한 열기로 가득했다. 오직 지속되는 열기로 바싹 마른 광대한 사막만이 있을 뿐이었다. 그곳의 모든 것은 냉혹하고 황량했다. 뱀이나 야생의 짐승 혹은 그와 흡사하게 거칠고 위험한 인간들 외에는 경작을 했거나 동물들이 살았던 흔적조차 없었다. 하지만 조금 더 나아가자 눈에 보이는 것들이 점차 나아졌다. 기후는 덜 사나웠으며, 대지는 조금씩 더 푸르고 편안해졌고 마주치는 사람과 짐승도 그다지 거칠지 않았다.

마침내 부락과 도시를 이루고 살면서 서로 거래를 하는 것은 물론, 가까운 지역이나 아주 멀리 떨어져 있는 나라들과 육로와 바다를 통해 무역을 하며 살아가는 사람들을 만나게 되었다.

라파엘은 이렇게 말했다.

"출항할 준비를 마친 배를 발견할 때마다, 동료들과 나는 함께 타도 괜찮겠냐고 물었습니다. 그러면 그들은 언제나 흔쾌히 허락해주었습니다. 그들 덕분에 우리는 그 지역 구석구석을 살펴볼 기회를 가질 수 있었습니다.

우리들이 처음에 보았던 배들은 파피루스 나뭇잎이나 버들가지 그리고 가끔은 가죽을 이어 만든 돛을 달고 있는 바닥이 평평한 배들이었습니다. 하지만 그 후로 우리가 보았던 배들은 탄탄한 용골(龍骨)과 범포(帆布) 돛을 달고 있는, 우리나라 배와 거의 같은 것들이었습니다.

그 배의 선원들은 바람과 조류에 대해서는 잘 알고 있었습니다. 하지만 내가 나침반을 사용하는 법을 설명해주자 무척이나 좋아했습니다. 나침반에 대해서는 한 번도 들어본 적이 없었기 때문에 언제나 바다를 두려워해서 여름철 외에는 거의 바다로 나가려 하질 않았던 겁니다. 하지만 이제는 나침반을 굳게 믿게 되어 겨울철에도 바다에 나가는 것을 대수롭지 않게 생각하고 있습니다. 비록 새롭게 알게 된 안전하다는 생각도 매우 주관적인 것이긴 하지만 말입니다. 사실 그들이 갖게 된 지나친 확신으로 인해 유용한 발명품이 재난의 원인이 돼버릴 수도 있거든요."

그가 들려준 모든 곳들에 대한 이야기는 너무나 많아서 그대로 옮겨 적을 수는 없다. 그리고 그렇게 하는 것이 이 책을 쓰는 목적도 아니다. 아마 별도의 책을 통해 그가 다양한 문명사회에서 발견했던 합리적인 제도들을 중심으로, 그의 이야기 중에서도 가장 귀담아들을 만한 부분들을 강조해서 이야기하게 될 것이다. 우리는 바로 그러한 것들을 가장 깊은 관심을 가지고 물어보았으며, 그 역시 가장 의욕적으로 이야기해주었다.

우리는 괴물과 마주친 적이 있느냐는 따위의 질문은 전혀 하지 않았다. 괴물 같은 것은 이미 새로운 소식이 될 수 없었다. 사람을 잡아먹는다거나, 양식을 강탈해가거나, 주민들을 모두 먹어치웠다는 무서운 짐승들에 대한 이야기는 이미 익히 들어왔다. 그러나 훌륭한 사회제도에 대한 이야기는 흔히 들을 수 있는 것이 아니었다.

물론 그는 새로 발견한 나라에서 본 잘못된 것들에 대해서도 많이 이야기했지만, 유럽 사회를 개혁하는 데 활용할 수 있을 만한 제도들에 관해서도 이야기했다. 그것들에 대해서는 앞서 말했듯이 나중에 다루도록 할 것이다. 지금은 오직 그가 들려준 유토피아[13]의 제도와 관습에 대해서만 말하고자 한다.

---

**13** 유토피아(Utopia). 그리스어 'ou('없다'는 의미, 영어의 no)'와 'topos('장소'라는 의미, 영어의 place)'를 합쳐 만든 말로, 어디에도 없는 곳이라는 뜻이다. 그러나 책이 출간된 이후에는 이 세상에 존재하지 않는 이상향을 가리키는 말로 사용되었다.

## 노예가 되는 것과 공직에 나가는 것의 차이

우선 그 공화국에 대한 이야기가 처음 나오게 되기까지 나눈 대화를 소개하는 것으로 시작하려 한다. 라파엘은 먼저 지구의 양쪽 반구(半球)에서 동시에 저지른 실책 —— 분명 이러한 일들은 수없이 많다 —— 을 예리하게 지적한 후, 구세계와 신세계에서 이루어지고 있는 입법에 있어 보다 합리적인 부분들에 대해 이야기했다. 그는 모든 개별적인 나라들에 대해 정확하게 꿰뚫어보고 있는 것처럼 보였다. 하룻밤을 묵었어도 그곳에서 평생을 보낸 것처럼 잘 알고 있었으므로, 피터 자일즈는 그에게서 특별한 감동을 받았다.

**피터** | 라파엘 선생님, 선생 같은 분이 왜 정치에 참여하시지 않는지 알 수가 없군요. 어떤 왕이든 기회만 된다면 분명히 선생님을 끌어들이기 위해 노력할 텐데 말입니다. 선생님이 갖추고 있는 학식과 경험만으로도 분명 왕을 즐겁게 해줄 수 있을 뿐 아니라, 교훈적인 선례들과 유용한 조언들을 들려줄 수 있을 것입니다. 또한 선생님 자신도 이익을 취할 수 있을 테고, 친구들과 친척들에게도 많은 도움이 될 텐데요.

**라파엘** | 사실 나는 친구나 친척들에 대해서는 그다지 신경 쓰지 않습니다. 내가 그들에게 할 수 있는 일은 다 했다고 생각합니다. 사람들은 대부분 너무 늙고 또 병이 들어 재산을 더 이상 감당할 수 없을 때까지도 집착합니다. 그리고 재산을 건네줄 때에도 전혀 품위를 갖추지 않습니다. 하지만 나는 젊고 건강할 때 친구들과 친

척들에게 내 재산을 다 나누어주었습니다. 그 사람들은 그것으로 충분히 만족하리라고 생각합니다. 그들은 내가 자신들을 위해 왕의 노예가 되는 것을 바라지는 않을 겁니다.

**피터 |** 당치 않은 말씀입니다! 제가 말씀드린 것은 공직에 나가 봉사하는 것이지 노예가 되시라는 게 아닙니다.

**라파엘 |** 노예가 되라는 말과 봉사를 하라는 말은 음절 몇 개 차이지요.[14]

**피터 |** 좋습니다. 그것을 뭐라고 부르시든 간에 나는 여전히 선생님께서 공직에 나가시는 것이 개인을 위해서나 많은 이들을 위해 가장 좋다고 생각합니다. 또한 선생님의 인생도 안락하게 해줄 것입니다.

**라파엘 |** 내 천성에 전혀 맞지 않는 행동을 어떻게 할 수 있겠습니까? 요즈음 나는 정말 마음 내키는 대로 살고 있습니다. 지금 나는 궁정에 있는 그 어느 대신들보다 만족스러운 생활을 하고 있다고 생각합니다. 게다가 왕들의 주변에는 이미 그들의 은총을 얻기 위해 기를 쓰고 있는 사람들이 많기 때문에, 내가 없다고 해서, 혹은 나 같은 사람이 몇 명쯤 없다고 해서 그들이 큰 손해를 보지는 않을 것입니다.

**모어 |** 라파엘 선생, 당신은 확실히 돈이나 권력에는 흥미가 없

---

**14**  원문은 "차이는 음절 하나에 불과하지요"라고 되어 있다. 라틴어로 '노예가 된다'는 단어 'servias'와 '봉사한다'는 단어 'inservias'는 'in'이라는 한 음절 차이가 있을 뿐이다.

군요. 그렇다면 선생께서 이 세상에서 가장 위대한 왕이라 해도 저는 지금보다 더 선생을 존경할 수는 없을 것 같습니다. 하지만 어느 정도 개인적인 불편함을 감수하더라도 선생의 재능과 정열을 공적인 문제에 쏟아부을 수 있다면, 분명 선생이 가진 존경할 만한 철학적 태도와 잘 어울리는 일이 되지 않겠습니까? 그렇게 하는 데 가장 효과적인 방법은, 선생께서 이미 갖고 계신 충분한 능력으로 현명한 조언을 함으로써 위대한 왕의 신뢰를 얻는 것입니다. 왕들은 모든 백성들의 머리 위에 은혜나 고통을 끊임없이 쏟아붓는 일종의 분수라고 할 수 있으니까요.

선생은 매우 풍부한 이론적 지식을 갖추고 있을 뿐 아니라 실제적인 경험도 풍부합니다. 그 둘 중 한 가지만으로도 선생은 군주의 이상적인 개인 고문관 역할을 할 수 있을 것입니다.


## 전쟁술에 골몰하는 왕과 어리석은 고문관들

**라파엘** | 존경하는 모어 선생, 선생께서는 나에 대해 그리고 그런 일들의 이치에 대해 잘못 알고 계신 것 같습니다. 선생께서 생각하시는 것과 달리 나는 그렇게 뛰어난 능력을 갖고 있지도 못한 데다가, 설령 능력이 있다 하더라도 그것은 여러 가지 일을 하면서 내 시간만 허비하는 것일 뿐 이 사회에 주는 도움은 아주 미미할 것입니다. 무엇보다 대부분의 왕들은 평화로운 시기에 필요한 유용한 통치법보다 전쟁술에 더욱 많은 관심을 기울이고 있습니다.

하지만 나는 전쟁술에 대해서는 아는 것이 없고 알고 싶지도 않거 든요.

　그들은 자신의 왕국을 어떻게 하면 제대로 다스릴 것인가보다, 수단과 방법을 가리지 않고 새로운 왕국을 차지하는 데 더 골몰하 고 있습니다. 더 나아가 왕들의 개인 고문관들은 너무나 똑똑해서 혹은 너무나 자부심이 강해서 다른 사람들의 충고 따위는 전혀 필 요치 않거든요. 비록 그들은 언제나 왕들이 하는 말이라면 아무리 어리석은 의견이라도 즉각 동의하기 위해 만반의 준비를 하고 있 지만 말입니다. 결국 자신이 만든 결과물을 애지중지하는 것은 인 간의 자연스러운 본능이거든요. 까마귀가 자기 새끼를 그토록 소 중하게 다루는 것이나, 또 어미 원숭이가 자기 새끼들이 제일 예쁘 다고 여기는 것과 같은 이치입니다.

　다른 사람들의 의견에 대해서는 뿌리 깊은 선입견을 갖고 있거 나, 혹은 무작정 자신의 의견만을 우선적으로 내세우는 사람들이 있다고 생각해봅시다. 선생께서 그런 무리들이 있는 곳에서 다른 지역에서 실행하고 있는 것을 확인했거나 혹은 역사에 있었던 선 례를 들어 어떤 정책을 제안했을 때, 어떤 일이 일어날 것 같습니 까? 그런 사람들은 마치 전문가로서의 자신들의 명성이 위태로워 진 것처럼 행동하거나, 선생의 제안에 반대하는 의견을 내놓지 못 하면 마치 평생 바보 취급을 당하기라도 할 것처럼 행동할 겁니다. 그러한 노력이 모두 실패하면 그들은 마침내 이렇게 호소할 것입 니다.

"이것은 선조들께서 충분히 훌륭하다고 했던 것입니다. 누가 감히 그들의 지혜를 의심할 수 있겠습니까?" 그러고선 이 문제에 대해서는 더 이상 논의할 필요가 없다는 태도로 자신들의 자리로 돌아가 앉을 것입니다. 마치 누군가가 선조들보다 더 현명하다고 여겨지는 것이 엄청난 재앙이기라도 한 듯이 말입니다!

하지만 우리는 그들이 가장 현명하다 여기는 결정들을 언제라도 쉽게 뒤엎어버릴 수 있습니다. 어리석은 자들만이 결사적으로 그런 의견에 매달립니다. 이처럼 자만심과 어리석음과 고집으로 뒤엉켜 있는 괴상한 사람들을 여러 곳에서 만나보았습니다. 한번은 영국에서도 만난 적이 있습니다.

## 왜 가혹한 처벌에도 불구하고 범죄자는 줄지 않는가

**모어** | 정말입니까? 그렇다면 영국에도 다녀가신 적이 있군요?

**라파엘** | 그렇습니다. 서부 지역의 혁명으로 시작되어 반군들의 처참한 대량 학살로 끝났던 그 끔찍한 내란[15] 직후에 몇 달 동안 머물렀습니다. 그곳에 머무는 동안 캔터베리의 대주교이신 존 몰턴 성하[16]께서 과분한 대접을 해주셨습니다. 당시에 그분은 추기경이

---

15  1497년 변호사 토마스 플래먼크(Thomas Flamank)의 주도하에 일어났던 콘월 주민들의 반란을 말한다. 이 내란은 스코틀랜드를 침략하기 위해 부과된 세금 때문에 일어났으나, 2천여 명의 전사자를 낸 채 주민들의 패배로 끝났다.

16  존 몰턴(John Morton, 1420~1500). 캔터베리 대주교이자 상서경(신하로서 가장 높은 지위로, 대법원장을 겸임했다)을 지냈다. 모어는 12살부터 2년간 몰턴 경의 집에서 지

며, 대법관이기도 했습니다. 피터 선생, 그분에 대해서는 당신에게만 설명을 해야겠군요. 모어 선생은 이미 그분에 대해 잘 알고 계실 테니까요.

그분은 고귀한 신분 때문만이 아니라 지혜와 고귀한 성품으로 사람들의 존경을 받고 있었습니다. 보통 키에 나이가 아주 많았음에도 불구하고 등은 전혀 굽지 않았고, 두려움보다는 존경심을 우러나게 하는 그런 얼굴이셨습니다. 그래서 늘 진지하고 근엄했지만 편안하게 대할 수 있는 분이었습니다. 아시다시피 그분은 탄원하러 온 사람들을 냉정하게 대하는 편이었지만, 그것은 그들에게 악의가 있어서가 아니라, 탄원인들의 이해력과 침착성을 시험해보기 위한 것이었습니다. 그러한 품성들이 분별력 있게 발휘된다면 매우 유용하며 또 공공 생활을 하는 데 있어 매우 소중한 것이라 생각했기 때문입니다. 그분은 법률 지식에 정통한 세련되고 유능한 웅변가였습니다. 게다가 훌륭한 지성과 놀랄 만한 기억력의 소유자였는데, 이 두 가지의 선천적인 능력을 자기계발과 훈련을 통해 더욱더 갈고닦았던 것입니다.

왕께서는 분명 그의 판결을 무척 신뢰했으며, 내가 영국을 방문했을 무렵엔 온 나라가 그에게 의존하고 있는 것처럼 보이기도 했습니다. 그건 그리 놀랄 만한 일이 아니었습니다. 그분은 대학을

냈으며, 일찍이 그의 총명함을 알아본 몰턴 경의 추천으로 옥스퍼드에 들어가 공부할 기회를 가졌다.

마치자마자 소년티가 채 가시기도 전에 궁정으로 불려 갔으며, 그 후로 오랫동안 공직에 종사하며 수많은 위기 상황을 처리하는 고된 과정을 통해 지혜를 터득했기 때문이지요. 그런 과정을 통해 배운 것들은 쉽사리 잊혀지지 않는 법이거든요.

한번은 추기경과 식사를 함께하게 되었는데, 영국인 변호사 한 분도 동석하게 되었습니다. 어떻게 해서 그것이 화제가 되었는지 기억은 나지 않지만, 그 영국인 변호사는 당시에 절도범들에게 적용하고 있던 강력한 처벌을 열렬히 지지한다는 취지의 말을 했습니다. 그러고 나서 다음과 같이 말했습니다.

"우리는 어디에서든 절도범들은 교수형에 처하고 있습니다. 교수대 한 곳에서 20명이 처형되는 것을 본 적도 있습니다. 바로 그것이 제가 참 이상하다고 여기는 문제입니다. 도둑질을 하면 교수형을 피할 수 없음에도 불구하고 왜 여전히 그렇게 많은 절도범들이 득실거리는 걸까요?"

"무엇이 이상하다는 말씀입니까?"

추기경 앞이었지만, 나는 늘 그래 왔기 때문에 주저 없이 즉각 그렇게 물어보았습니다. 그리고 이어서 말했습니다.

"도둑들을 다루는 데 있어 이런 방법은 공정하지도 않고 또 사회적으로 바람직하지도 않습니다. 처벌로서는 너무 가혹하고 억제책으로는 매우 비효율적입니다. 가벼운 절도죄는 사형을 받을 정도의 범죄가 아니며, 만약 도둑질이 양식을 얻는 유일한 방법이라면 그 어떤 형벌로도 도둑질을 막을 수는 없습니다. 그런 면에서 당신들 영국 사람들은 다른 대부분의 나라들과 마찬가지로 학생들을 가르치기보다 매질을 더 좋아하는 무능한 교장 선생을 생각나게 합니다. 이런 식의 가혹한 처벌 대신 모든 사람들에게 생계를 꾸릴 수단을 제공해서, '일단 훔치고 보자, 죽는 것은 그 다음 일이다'라고 생각할 수밖에 없는 끔찍한 궁핍에 빠지는 사람들이 없도록 만드는 것이 훨씬 더 중요합니다."

그 변호사는 이렇게 대답하더군요.

"그 점에 대해선 이미 적절한 대비책이 있습니다. 그들에게는 생계를 꾸릴 수 있는 많은 업종이 있습니다. 그리고 언제든지 일을 할 수 있는 땅도 있습니다. 그들이 마음만 먹는다면 정당한 생활비를 쉽게 벌어들일 수 있습니다. 하지만 그들은 일부러 범죄자의 길을 선택하고 있는 것입니다."

## 사치스럽고 게으른 시종들이 도둑이 되는 이유

그래서 나는 이렇게 말했습니다.

"그런 식으로는 이 문제를 피해갈 수 없습니다. 논의를 순조롭게 하기 위해 왕과 국가를 위한 국내외의 전쟁에 참전했다가 불구가 된 병사의 경우는 논외로 하겠습니다. 불과 얼마 전에 있었던 콘월 반군들과의 전투 혹은 프랑스에서 있었던 전투에 참전했던 병사의 경우가 되겠지요. 집으로 돌아온 그 병사는, 자신이 줄곧 해오던 생업에 복귀하는 것은 육체적으로 불가능하고, 새로운 일을 배우기에는 너무 늙었다는 것을 깨닫게 됩니다. 하지만 이미 말했듯이 그 병사의 문제는 접어두기로 합시다. 전쟁은 그저 일시적인 현상일 뿐이니까요. 일상적으로 일어나고 있는 일들에 대해서만 집중하도록 하겠습니다.

무엇보다 다른 사람들의, 다시 말해 소작인들의 노동력에 기대 수벌처럼 살면서도 소작료를 끊임없이 올려 그들을 악착같이 쥐어짜며 살아가는 귀족들이 아주 많습니다. 그렇게 하는 것이 그들이 유일하게 알고 있는 현실적인 경제관이기 때문입니다. 그렇게 하지 않으면 그들은 사치스러운 생활로 인해 즉시 파산해버리고 말 것입니다.

게다가 자신들만 게으르게 사는 것도 모자라 자신들만큼이나 게으른 시종들을 엄청나게 많이 거느리고 있습니다. 그들은 스스로 벌어 먹고사는 법을 배운 적이 없는 사람들이죠. 모시던 주인이 죽게 되거나, 자신들이 병이라도 들게 되면 그들은 즉시 쫓겨나고 맙니다. 귀족들은 병보다는 게으름에 훨씬 더 관대하고, 또 그들의 재산을 물려받은 상속자들은 그처럼 막대한 자산을 유지할 능력이 없기 때문이지요.

그렇게 내동댕이쳐진 시종들은 폭력에 의지하지 않으면 폭력적인 굶주림을 겪기 십상입니다. 그 외에 다른 대안이 있을까요? 물론 입고 있던 옷은 다 닳고 몸뚱이는 종기투성이가 될 때까지 이리저리 떠돌아다닐 수는 있겠지요. 하지만 그런 상태에서는 친절하게 그를 고용하겠다는 지주를 만나지도 못할 테고, 시골 사람들도 감히 고용하려고 하지 않을 것입니다. 한때 호사스러운 생활에 익숙해 군복을 차려입고 거들먹거리고 다니며 주변의 모든 사람들을 멸시하던 자가, 얼마 되지 않는 급여를 받고 간신히 연명할 음식을 얻으려고 곡괭이와 호미를 들고 땀 흘려 일하면서 가난한 사람을 충실히 섬기기를 기대할 수는 없지 않겠습니까?"

그 변호사는 이렇게 반박했습니다.

"하지만 바로 그런 사람들을 우리가 양성해야 합니다. 전시가 되면 그들 군대의 든든한 중추가 되거든요. 평범한 노동자나 농부들보다 그런 사람들이 더욱 확실한 의지와 자부심을 갖고 있기 때문이지요."

그래서 나는 이렇게 대답했습니다.

"그것은 전쟁을 위해 도둑질을 장려해야 한다고 말씀하시는 것과 같습니다. 그렇다면 그런 사람들이 주변에 서성거리고 있는 한, 도둑들이 모조리 사라지는 일은 없을 겁니다. 어쨌든 도둑이 훌륭한 군인이 되고, 또 군인이 대담한 도둑이 된다는 선생의 말씀은 전혀 틀리지 않은 말입니다. 이 두 가지 직업은 공통점이 상당히 많습니다.

그런데 비록 선생께서 무척 심각하게 걱정하고 계시지만, 이러한 문제는 영국에만 국한된 것이 아닙니다. 사실 전 세계적인 전염병입니다. 예를 들어, 프랑스의 경우 훨씬 더 심각한 지경에 와 있습니다. 프랑스에서는 심지어 평화로운 시기에도 —— 그렇게 부를 수 있을지 의문입니다만 —— 선생께서 게으른 시종들을 유지해야 하는 이유로 들었던 것과 같은 이유 때문에 온 나라가 용병들로 넘쳐나고 있습니다. 알고 계시겠지만, 잘난 체하는 정치인들이 공공의 안녕을 위해 경험 많은 직업군인들로 구성된 막강한 상비군을 유지해야 한다고 결정했던 것입니다. 그들은 신병들은 신뢰할 수 없다고 생각했습니다. 그리고 병사들을 훈련시키기 위해서라도 일부러 전쟁을 일으킬 구실을 찾았습니다. 그렇게 해서 훗날 살루스티우스[17]가 멋들어지게 표현했듯이, 병사들의 솜씨를 유지시키기 위해 목을 자를 기회를 주려 했던 것이지요.

프랑스는 쓰라린 경험을 통해 이런 야만적인 애완동물을 사육하는 것이 얼마나 위험한 일인지를 배웠던 것입니다. 하지만 로마나 카르타고, 시리아를 비롯한 많은 나라들의 역사에서도 이와 비슷한 교훈은 수없이 많습니다. 상비군은 늘 기회가 있을 때마다 자신들을 고용한 정부를 전복하고, 영토를 유린하며, 도시를 파괴하곤 했습니다. 게다가 상비군은 전혀 필요 없는 존재입니다. 철저한 군사 훈련을 받았던 프랑스 군대가 영국이 전시에 징집한 병사들을 쉽게 패배시키지 못했던 것만 보아도 명백히 알 수 있는 일입니다. 두 분 앞에서 아첨하는 것으로 들릴지도 모르니, 이 사실을 더 이상 강조하지는 않겠습니다.

더 나아가 선생께서 언급하신 두 부류의 사람들, 즉 도시의 직공이나 시골의 순박한 농부들도 사실은 그 게으른 시종들과 맞서는

---

**17** 살루스티우스(Sallustius, 기원전 86~35). 로마의 역사가, 정치가.

것을 두려워하지 않습니다. 용기에 비해 신체가 떨어지거나, 극심한 궁핍으로 인해 의기소침해 있지만 않다면 말입니다.

사실 시종들은 본래 신체가 강건한 자들이었습니다. 귀족들은 바로 그런 자들을 곁에 두고 저절로 나약해질 때까지 거느리는 것입니다. 그들은 아무 일도 하지 않고 앉아서 빈둥거리거나 여자들도 하지 않을 사소한 일들을 하다가 곧 나약해지고 무기력해지는 것이죠. 따라서 그들에게 유용한 기술들을 가르치고 남자다운 일들을 하도록 만든다면 남자다움을 모조리 상실해버릴 위험은 거의 없을 것입니다. 그러나 어떻든 간에 평화가 절실하게 중요한 이런 시기에 그토록 많은 평화의 교란자들을 유지하면서, 그들이 원하지 않는다면 일어나지도 않을 전쟁을 대비하는 것이 어째서 공공의 이익이 된다는 것인지 알 수가 없습니다.

하지만 이것만이 사람들이 도둑질을 하게 되는 유일한 원인은 아닙니다. 나는 그것 외에 영국에만 독특하게 적용되는 요인이 있다고 생각합니다.


## 양이 농민을 잡아먹는다!

"그 요인이 무엇입니까?"

추기경이 그렇게 물었을 때, 나는 이렇게 대답했습니다.

"양(羊)입니다. 보통 아주 조금밖에 먹지 않는 이 유순한 짐승이 이제는 엄청난 식욕을 갖게 되었고, 급기야는 사람까지 먹어치우는 짐승이 되어버렸습니다. 양들은 이제 들판과 가옥들과 도시들을 비롯한 모든 것들을 삼켜버리고 있습니다.

이해하기 쉽게 말씀드리자면, 가장 훌륭하고 가장 값비싼 양모를 생산하는 지역에서는 몇몇 귀족과 지주들은 물론이고 심지어 수도원장들까지도 자신들의 선조들이 토지에서 거두어들이던 수익에 점점 불만을 품게 된 것입니다. 그들은 더 이상, 이 사회에 아무런 도움도 되지 않는, 게으르고 안락한 생활마저도 만족하지 않고 있습니다. 그래서 그들은 자신의 소유지에 울타리를 둘러쳐 (양들을 위한) 목초지를 만들고 아무도 농사를 짓지 못하게 해 실질적으로 이 사회에 해를 끼치고 있습니다. 심지어 가옥들을 헐어버리고 마을 전체를 없애기까지 하고 있습니다. 물론 양의 우리로 사용하기 위해 교회는 남겨놓았습니다만. 숲이나 사냥터는 아직 그다지 많이 황폐화시키지 않았지만, 이미 사람들이 거주할 만한 모든 곳들을 파괴하기 시작했고 아주 작은 경작지들마저도 황무지로 만들어버리고 있습니다.[18]

그러면 과연 어떤 결과가 나타날까요? 탐욕스러운 인간들이 자신의 고향땅을 먹어치우며 마치 역병처럼 퍼져나가 들판을 모두 차지한 후 수천 에이커의 땅을 울타리로 둘러 막아버립니다. 그 결

---

**18** 이 당시 영국 사회의 병폐였던 '인클로저'를 비판한 것이다. 인클로저는 공동 사용이 가능한 토지를 둘러막아 사유지로 만드는 것을 말한다. 귀족, 지주, 대수도원의 원장들은 농사보다 이익이 많이 생기는 양모 생산에 주력했다. 그래서 많은 양떼를 방목하기 위해 경작지는 물론이고 주택지까지도 목장으로 만들어 농민들을 농토에서 쫓아냈다.

과 수백 명의 농민들이 쫓겨나게 됩니다. 농민들은 사기를 당하거나, 협박에 못 이겨 자신의 땅을 포기하게 되거나, 땅을 팔 때까지 끊임없이 핍박받을 것입니다. 어떤 수법으로 당하든 그 불쌍한 사람들은 떠나야만 합니다. 남자와 여자, 남편과 아내, 과부와 고아, 어머니와 어린아이 등이 누구라 할 것 없이 모든 고용인들 —— 고용인이 많다는 것은 부유하다는 것을 뜻하는 것이 아니라, 많은 인력이 있어야 농장을 경영할 수 있다는 것을 의미합니다 —— 과 함께 떠나야만 합니다.

정든 집을 떠나 낯선 곳으로 가야 하는 그들은 어떻게 살아야 할지도 알 수 없습니다. 적절한 값에 집을 사줄 만한 임자를 기다릴 수 없기 때문에 모든 세간들을 몇 푼 안 되는 헐값에 팔아버려야 합니다. 어차피 넉넉한 값을 받을 수도 없는 물건들입니다만. 잠시 이곳저곳을 방황하고 다니는 동안 몇 푼 안 되는 그 돈마저 다 써버리고 맙니다. 그렇게 되면 훔치는 것 외에 그들이 할 수 있는 일은 없습니다. 그래서 결국 교수형에 처해지는 것 아닙니까?

그들이 아무리 간절하게 원한다 해도 아무도 일자리를 주지 않는다면 여기저기를 떠돌며 구걸을 할 수밖에 없습니다. 그러면 부랑자로 체포되어 게으르다는 이유로 감옥에 갇히게 되겠지요. 그들은 농사를 짓는 사람들인데 경작할 땅이 없으니 일자리도 없기 때문입니다. 농작물을 생산하기 위해서는 상당히 많은 일손이 필요하지만 가축만 기르려고 한다면 양치기나 목동이 한 명만 있으면 되거든요.

**과도한 노동에 시달리는 농민들**
비참하게 살면서 과중한 노동에 시달리던 농민들은 '인클로저'
운동 등으로 농토에서 밀려나 도시 빈민으로 전락해갔다.

똑같은 이유로 여러 지역에서 곡물이 아주 귀해지게 됩니다. 게다가 양모 값도 엄청나게 오르게 되어 양털을 구입해 모직물을 만들어 팔던 가난한 사람들은 더 이상 양털을 살 수도 없게 됩니다. 즉 더욱더 많은 사람들이 일자리에서 쫓겨나게 된다는 뜻입니다.

이렇게 된 데에는 농지를 목장으로 전환하기 시작한 직후에 수많은 양들을 죽게 했던 전염병에도 일부 원인이 있습니다. 전염병은 마치 지주들의 탐욕에 대한 심판과도 같았습니다. 양 대신 주인인 '그들'이 전염병에 걸렸어야 했겠지만.

하지만 양들이 아무리 많다 해도 가격이 떨어지지는 않을 겁니다. 양을 거래하는 시장은 분명한 독점은 아니라 해도, 적어도 극소수 사람들이 과점하는 형태가 될 것이기 때문입니다.

시장은 몇 명의 부자에 의해 거의 빈틈없이 통제될 것이며, 그들은 자신들이 원하지 않을 때에는 양을 팔아야 할 필요를 느끼지 못할 것이고, 자신들이 원하는 가격을 받기 전에는 절대 팔려고 하지 않을 것입니다. 이와 마찬가지로 다른 가축들의 가격도 비슷한 정도로 치솟을 것입니다. 농장의 붕괴와 그로 인한 전반적인 농업의 붕괴로 인해 종축(種畜)을 기르는 농가가 현저히 줄어들 것이기 때문입니다.

## 빈곤층을 양산하고 있는 사치 풍조

나는 지금 그 부자들은 절대 양이나 소가 새끼를 낳는 것까지 직접 돌보는 번거로운 일을 하려 들지 않는다는 걸 말하고 있는 것입니다. 그들은 다른 사람들에게서 말라빠진 소를 싸게 구입해 자신들의 목장에서 살찌운 다음, 막대한 이익을 붙여 되팔기만 하면 됩니다. 바로 이러한 상황이 지금껏 현재의 문제점을 심각하게 받아들이지 못하게 만든 이유라고 생각합니다. 아직까지는 그들이 가축을 판매하고 있는 지역에서만 가격이 오르고 있으니까요. 하지만 그들이 수요에 대처하지 못할 만큼 빠른 속도로 다른 지역의 짐승들을 계속 들여온다면, 구매하고자 하는 지역의 재고가 서서히 고갈될 것이고 결국 모든 지역에서 심각한 공급 부족 현상이 발생할 것입니다.

그러므로 소수의 탐욕스러운 사람들로 인해 영국의 가장 훌륭한 자연 자원 중 하나가 국가적인 재난으로 바뀌어버리는 것입니다. 치솟는 식료품 가격 때문에 고용자들은 수많은 일꾼들을 해고했으며, 해고된 사람들은 불가피하게 걸인이나 도둑이 되어버린 것입니다. 그리고 대담한 사람들은 쉽사리 도둑이 돼버리는 것입니다.

어처구니없는 것은 이토록 비참한 빈곤이 사치 풍조와 연결되어 이러한 사태를 더욱 악화시키고 있다는 사실입니다. 하인들이나 직공, 심지어는 농사꾼을 포함한 모든 계층의 옷과 음식이 실제로 사치스러워졌습니다. 자, 지금 선술집이니 뭐니 하는 이름을 내걸고 있는 매음굴이 얼마나 많은지 생각해보십시오. 요즈음 사람들이 즐기는 풍기문란한 놀이들을 살펴보십시오. 도박, 카드 놀이, 주사위 놀이, 테니스, 볼링, 쇠고리 던지기 등 모두가 그들의 돈을 쉽사리 잃게 하는 것들이며 곧바로 도둑이 되도록 하는 것들 아닙니까?

이처럼 해악을 끼치는 풍습을 없애버리도록 하십시오. 농장이나 농촌 마을의 몰락에 책임이 있는 자는 스스로 그것들을 복원하거나, 복원할 뜻이 있는 사람들에게 토지를 양도하도록 만드는 법률을 제정하십시오. 부자들이 사재기와 실질적인 독점을 하지 못하도록 하십시오. 아무런 노동도 하지 않는 사람들을 줄이도록 하십시오. 농업과 모직공업을 다시 부흥시켜 일이 없는 수많은 사람들에게 떳떳하고 실용적인 일거리를 많이 제공하도록 하십시오.

현재 도둑이 된 사람들뿐만이 아니라 앞으로 결국 도둑이 될 수밖에 없는 부랑자들이나 빈둥거리는 하인들까지도 그런 일거리를 가질 수 있도록 해야 한다고 말씀드리는 것입니다.

이러한 조치들을 제대로 시행하기 전까지는 도둑들을 상대로 정의를 실현하고 있다고 자랑할 자격이 없습니다. 그런 정의는 현실적이지도 않고 사회의 기대와는 전혀 관계없는 겉치레일 뿐이기 때문입니다. 당신들은 그들이 가장 열악한 환경에서 성장하도록 방치해두었고 또 구조적으로 어릴 적부터 타락하도록 만들었습니다. 결국 그들이 성인이 되면 어릴 적부터 저지를 수밖에 없게 운명지어진 범죄를 저지르게 되고, 당신들은 그들을 처벌하기 시작하는 것입니다. 다시 말해 당신들은 도둑들을 만들어내고선 도둑질을 했다는 이유로 처벌하고 있는 것입니다."

## 절대적 정의는 절대적으로 부당하다

내 말이 채 끝나기도 전에 그 변호사는 이미 대답을 준비하고 있었습니다. 그는 마치 기억력이 좋다는 것을 과시하는 것처럼, 반론을 펴기보다는 이미 말했던 내용을 되풀이하는 것을 토론 방법으로 삼고 있는 사람임이 분명했습니다.

그는 이렇게 말했습니다.

"남들에게 들어서 부정확할 수밖에 없는 정보를 갖춘 외국인으로서는 아주 훌륭하게 관찰하셨군요. 제가 간단하게 논증을 해보이겠습니다. 우선 선생께서 말씀하신 문제들을 하나하나 살펴보기로 하지요. 그 후에 영국의 지역적인 특성을 잘 모르시는 선생께서 어떤 점들을 잘못 짚으셨는지 말씀드리겠습니다. 순서에 따라 말씀드리자면, 우선 선생은 다음의 네 가지……."

"잠깐만 기다려주십시오!"

그때 추기경이 그의 말을 제지했습니다.

"서두를 들어보니 귀하의 반론은 말씀처럼 그렇게 간단할 것 같지 않군요. 그러니 지금 하시는 것보단 다음에 만날 때 새롭게 논의해보십시다. 만약 두 분께서 여유가 있으시다면 내일 논의하시기로 하면 되지 않겠습니까?

그보다 라파엘 선생, 나는 왜 당신이 도둑질을 극형에 처하는 것에 반대하는지 그리고 어떤 처벌이 공공의 이익에 더 적합하다고 생각하는지 꼭 듣고 싶습니다. 내가 이해하기론 당신도 역시 도둑질은 근절되어야 한다고 생각하는 것 같군요. 사형에 처함에도 불구하고 도둑질은 근절되지 않고 있는데, 만약 사형에 대한 두려움을 없애버린다면 대체 어떤 권력으로 그것을 막을 수 있으며 또 효과적인 억제책은 어떤 것이 있을까요? 형벌을 낮추는 것은 범죄를 조장하는 것으로 비춰지지 않을까요?"

"추기경님, 저는 돈을 조금 훔쳤다는 이유로 인간의 생명을 빼앗는 건 정당하지 않다고 생각합니다. 제아무리 많은 재산일지라도 인간의 생명과 맞먹을 수는 없다고 생각하기 때문입니다. 만약 돈을 훔쳤기 때문이 아니라 법을 위반하고 정의를 훼손했기 때문에 처벌되는 것이라고 주장한다면, 그 절대적인 정의라는 개념이 절대적으로 부당한 것 아니겠습니까? 아주 사소한 위반이라 할지라도 칼을 뽑아야 한다는 독재 정권이나, 모든 범죄는 동일하므로 비록 절도와 살인은 전혀 다른 범죄이지만 법적으로는 구별하지 않는다는, 스토아적인 패러독스에 근거한 법률에는 아무도 동의할 수 없는 것입니다.

하느님은 '살인하지 말라'고 하셨습니다. 잔돈 몇 푼 훔친 도둑을 죽이는 것이 과연 정당한 일일까요? 만약 이 계율이 오로지 인간의 법이 적용되지 않는 불법적인 살인에만 허용될 뿐이라고 주장한다면, 이와 같은 방법으로 인간들끼리 강간이나 간통, 거짓 맹세 등을 합법화하기로 합의한다면 그것은 또 어떻게 막을 수 있겠습니까?

하느님께서 자살하는 것조차 금지했다는 것을 생각해볼 때, 그 어떤 신성한 권위에 의하지 않고 전적으로 인간들 간의 합의로 상호간의 살육에 대한 법규를 만들어 십계명 중 여섯번째 계율로부터 사형집행자를 예외로 인정해준다면 그것을 정당하다고 진정으로 믿을 수 있을까요? 그렇다면 이 특별한 하느님의 계율도 인간의 법률이 허용하는 범위 내에서만 타당성을 갖는다는 것이 아니겠습니까? 그렇게 될 경우, 이러한 원칙은 무한히 확대 해석되어 결국 인간들은 하느님의 계율이 자신들의 생활 전반에 얼마나 편리한가에 따라 준수할 것인지를 결정하게 될 것입니다.

모세의 계율은 당시에는 무척 다루기 힘든 부류였던 노예들을 겨냥해 제정된 것으로, 모든 면에서 분명 가혹한 것이었습니다. 하지만 모세의 계율에 의하면 절도범들은 교수형에 처해지지 않았으며 단지 벌금을 물었을 뿐이었습니다. 인간에 대한 하느님의 어버이 같은 자비심을 표현한 새로운 계율이 유태인에게 적용되었던 낡은 계율[19]보다 더 인간들 간의 잔인한 행위를 폭넓게 허용한다고 생각할 수는 없습니다.

자, 지금까지는 도덕적인 근거에 입각한 반론이었습니다. 현실적인 면에서 판단하자면, 절도범과 살인자를 똑같은 형벌로 처벌한다는 것은 불합리할 뿐만이 아니라, 사회를 위해서도 매우 위험합니다. 만약 어떤 절도범이 살인에 대한 판결이 절도에 대한 판결보다 무겁지 않다는 것을 알게 된다면, 단순히 도둑질만 했을 상

---

19 새로운 계율과 낡은 계율은 『신약성서』와 『구약성서』를 가리킨다. 율법의 준수가 중심인 『구약성서』와 사랑으로 모든 율법을 뛰어넘는 『신약성서』의 차이를 말하고 있는 것이다.

황에서도 살인까지 저지르게 될 것입니다. 살인범으로 체포된다고 해서 절도범보다 더 나쁠 것도 없으며, 오히려 살인은 유일한 증인을 제거함으로써 살인과 절도 두 가지를 다 은폐하고 체포되지 않을 수 있는 더 안전한 기회를 제공해줍니다. 그러므로 절도범들을 겁주려는 노력이 실제로는 그들로 하여금 무고한 사람들을 죽이도록 만들고 있는 셈입니다.

## 범죄자에 대한 적절한 형벌

그렇다면 흔히 묻듯이, 어떤 형벌이 적합할까요? 만일 어떤 형벌이 더 나쁜지 물어본다면 더욱 대답하기 어려울 겁니다. 능수능란한 행정관이었던 로마인들이 그토록 오랫동안 만족스럽게 시행했던 제도의 효율성을 왜 의심해야 할까요? 모두 알고 있듯이, 로마인들은 중요한 범죄를 저지른 자들에게 광산이나 채석장에서 평생 노역을 하도록 판결했습니다.

하지만 제가 알고 있는 가장 훌륭한 제도는 페르시아 여행 중에 폴릴레리타에[20]라는 지방에서 알게 된 것입니다. 폴릴레리타에 지역은 무척 광대하고 사회제도도 잘 짜여 있으며, 페르시아 왕에게 세금을 바쳐야 하는 것 외에는 완벽한 자치 지역이었습니다. 바다

---

**20** 폴릴레리타에(Polyleritae)는 '많다'는 뜻의 'polus'와 넌센스의 어원인 'leros'라는 말을 모어가 자의적으로 조합한 단어이다. 즉 '의미가 전혀 없다'는 뜻이다.

에서 아주 멀리 떨어져 산으로 둘러싸여 있고, 매우 기름진 국토에서 거두어들이는 수확만으로 만족스런 생활을 할 수 있어서 외국인들과는 거의 교류가 없었습니다.

영토가 산으로 둘러싸여 있는 데다 페르시아 왕에게 조공을 바치고 있어서 외부의 침략으로부터 안전한 그들은 자신들의 영토를 넓히겠다는 생각은 전혀 하질 않고 있었습니다. 이는 다시 말해, 군사를 동원하지 않아도 된다는 것을 의미하는 것이지요. 그러므로 호화스럽지는 않지만 평온하게 살고 있으며, 명성을 떨치거나 영광을 누리지는 않지만 행복하게 살고 있었습니다. 직접 국경을 맞대고 있는 이웃 국가들 외에는 그들에 대해 들어본 사람조차 없을 것입니다.

폴릴레리타에서는 대부분의 다른 나라들과는 달리 도둑질을 한 자는 훔친 물건을 왕에게 바치지 않고 원래의 소유자에게 돌려주어야 합니다. 폴릴레리타에인들은 국왕도 절도범과 마찬가지로 훔친 물건에 대해서는 아무런 권리가 없다고 생각합니다. 만약 훔친 물건을 절도범이 갖고 있지 않다면, 그의 재산에서 그만큼을 공제한 다음, 나머지 재산은 그의 아내와 자식들에게 넘겨줍니다.

절도범 자신은 중노동의 처벌을 받게 됩니다. 폭력으로 강탈한 경우 외에는 절도범을 감금하거나 족쇄를 채우지 않으며, 아주 자유로운 상태로 공공 노역장에서 일하도록 합니다. 만약 노역을 거부하거나 게으름을 피우면, 쇠사슬을 채워 더욱 일을 못하도록 하는 대신, 채찍질을 하여 일을 열심히 하도록 만듭니다. 만약 일을 열심히 한다면 절대로 거친 대우를 받지 않습니다. 그리고 매일 저녁마다 점호를 받아야 하며 밤에는 갇혀 있어야 합니다. 하지만 아주 오랫동안 노동을 해야 한다는 것 외에는 지극히 안락한 생활을 하게 됩니다.

예를 들어, 음식도 매우 잘 제공됩니다. 죄수들은 공공 노역자로서 일하는 것이기 때문에 음식은 국비로 공급합니다. 이러한 자금을 조달하는 방법은 각 지방에 따라 다릅니다. 어떤 지방에서는 자발적인 기부금을 모아 적립합니다. 이것은 불안정한 방법처럼 보이지만 실제로는 다른 방법보다 더 많은 자금을 적립할 수 있습니다. 그 나라의 국민들이 특별할 정도로 따뜻한 마음씨를 갖고 있기 때문입니다. 다른 지방에서는 이러한 목적을 위해 일정한 공적 자금을 예비해두거나 특별 인두세를 거두어들입니다.

공공사업에 노역을 시키는 대신 죄수를 개인 사업체에 고용시키는 지방도 있습니다. 노동력이 필요한 사업자들은 누구나 시장에 가서 자유인 노동자에 비해 상대적으로 값싼 임금으로 죄수를 고용합니다. 죄수들이 열심히 일하지 않을 경우 고용자들은 채찍질을 할 수 있도록 허용돼 있습니다. 이러한 제도를 통해 죄수들은 언제나 일자리를 갖게 되고, 식사를 제공받으며, 각자 매일매일 국고 적립에 기여하게 됩니다.

## 범죄는 처벌하되 생명은 존중한다

그들은 다른 사람들은 입지 않는 특별한 색깔의 옷을 입습니다. 머리는 깎지 않고 다만 양쪽 귀 위쪽만 짧게 깎아내고, 한쪽 귀의 끝을 아주 조금 잘라냅니다. 친구들은 그들에게 음식과 음료 그리고 정해진 색깔의 옷을 줄 수는 있지만, 돈을 주거나 받게 되면 사형 죄로 다스립니다. 이유 여하를 막론하고 노예 —— 죄수들을 보통 그렇게 부릅니다 —— 들로부터 돈을 받은 자유인은 사형에 처하며, 노예는 어떤 종류이든 무기에 손을 대면 사형에 처합니다.

노예는 소속 지역을 나타내는 표식을 달고 있는데, 이것을 떼거나 자신의 지역을 벗어나거나 다른 지역의 노예들과 이야기를 나누면 사형에 처해집니다. 도주에 대해서는, 도주하는 것만큼이나 계획하는 것 자체도 위험한 일입니다. 도주 계획에 가담하는 경우, 노예는 사형이며 자유인은 노예가 되는 처벌을 받습니다.

반면에 도주 계획을 신고할 경우 자유인은 현금으로 보상을 받으며, 노예는 자유를 얻을 수 있습니다. 어떤 경우에든, 심지어 범죄 계획에 가담했다고 해도 제보자는 사면을 받게 됩니다. 범죄 계획이 실행되는 것보다 포기시키는 것이 안전하다는 원칙에 따른 것입니다.

바로 이런 식으로 제도가 운영되고 있으며, 분명 이 제도는 매우 합리적이며 인간적입니다. 범죄는 엄격히 다루지만, 범인의 생명은 구하고 또 그러한 방법을 통해 강제로라도 선량한 시민이 될 수 있도록 하기 때문에 자신들이 과거에 저지른 나쁜 행위를 보상하는 데 여생을 바치게 됩니다.

실제 그들이 옛날 습성에 다시 빠져들 위험은 거의 없습니다. 그래서 일반적으로 장거리 여행자들은 그들을 가장 안전한 안내인으로 여기고 있으며, 통과하는 지역마다 그곳의 죄수들을 고용하고 있습니다. 아시다시피 노예들은 노상강도를 할 만한 도구가 없습니다. 그들은 무기를 휴대할 수 없습니다. 만약 그들에게서 돈이 발견되면 그것은 범죄를 저질렀다는 증거가 됩니다. 그들은 체포되면 즉시 처벌받게 되어 있을 뿐더러 잡히지 않을 것이라는 희망조차 품을 수 없습니다. 나체로 도망치기 전에는 —— 그렇다 하더라도 귀 때문에 신분이 드러나지만 —— 일반 사람들과 전혀 다른 옷차림으로 어떻게 아무 탈 없이 도망칠 수 있겠습니까?

물론 그들이 정부를 전복시키려는 음모를 꾸미지 않을까 하는데 대한 이론적인 위험성은 여전히 남아 있습니다. 하지만 다른 여러 지역의 노예들을 선동하여 부추기지 않고서, 어떻게 한 지역의 노예만으로 그런 대규모의 음모를 꾸밀 수 있겠습니까? 그리고 다른 지역의 노예들을 선동하는 것은 물리적으로 불가능합니다. 다른 지역의 노예들과 음모를 꾸미는 것은 물론이고, 그들과 만나거나 말하거나 아침 인사를 하는 것조차 허용되지 않고 있습니다. 더나아가 비밀을 지키는 것은 매우 위험하지만 밀고하면 무척 유익하다는 것을 알고 있는 같은 지역의 노예를 거리낌없이 계획에 가담시키려는 자가 있을까요?

반면에 모든 노예들은 그저 명령받은 대로 따르며 당국자로 하여금 장차 올바르게 살 것이라는 믿음을 주기만 하면 자유를 회복할 수 있는 희망을 어느 정도 가질 수 있습니다. 매해마다 상당수의 노예들이 모범적인 행동을 했다는 이유로 석방되고 있거든요."


## 무위도식하는 성직자와 수도사들

이렇게 말을 마치며 나는 이 제도가 영국에 채택되지 못하는 이유를 전혀 모르겠다고 했습니다. 이 제도는 변호사가 그토록 자랑했던 이른바 '정의'보다 훨씬 더 훌륭한 결과를 이끌어낼 것이라고 했습니다.

그러자 그 학식 높은 친구 —— 그 변호사 말입니다 —— 가 고개를 가로저으며 경멸하는 듯한 미소를 띠며 선언을 해버리더군요.

"그런 제도는 영국에 심각한 위험을 끼칠 것이기 때문에 결코 채택되는 일은 없을 것입니다."

그는 그 한마디만 했습니다. 그리고 그 자리에 있던 사람들은 모두 그의 말에 동의했습니다.

그때 추기경이 자신의 의견을 말했습니다.

"실제로 실행해보지 않고서 효과가 있을지 없을지 예측하기는 힘든 일입니다. 하지만 국왕께서 실험적인 기간 동안 사형 선고를 받은 자들의 집행을 미루는 것으로 가정해봅시다. 우선적으로 죄인 감호소의 모든 권한을 폐지해보는 겁니다. 만약 결과가 좋으면

이 제도를 지속하는 것이 타당하게 여겨질 것입니다. 그렇지 않다면 그때 원래의 판결에 따라 집행하면 될 것이고, 그것은 지금 집행하고 있는 것만큼이나 이 사회에도 유익하고 정의로운 일이 될 것입니다. 하지만 이 사회에 커다란 피해는 없을 것입니다.

나는 부랑자를 똑같은 방식으로 다루는 것도 그다지 나쁜 생각이라고 여기지 않습니다. 우리는 늘 부랑자를 다루는 법률들을 제정하고 있지만 지금까지 아무런 효과도 거두지 못하고 있으니까요."

'내'가 말했을 때는 아무도 진지하게 받아들이지 않았지만, '추기경'이 말을 꺼내자 모두들 공감을 표시했습니다. 그들은 특히 부랑자 문제에 대해 한결 확실한 반응을 보였습니다. 그 문제는 추기경 자신이 직접 제시한 것이었기 때문이었습니다.

그 후의 대화는 시답잖은 것이어서 건너뛰고 싶지만, 그렇다고 아주 무익한 것은 아니었고 또 화제의 핵심과 동떨어진 것도 아니므로 말씀드리도록 하겠습니다.

일행 중에 언제나 남의 집 식객으로 지내는 익살꾼 한 사람이 있었습니다. 그는 자진해서 어릿광대짓을 하지만, 사실은 아주 중요한 역할을 하고 있는 것이라고 남들이 알아주기를 내심 바라는 사람이었습니다. 그가 사람들을 웃기기 위해 내뱉는 말들은 대부분 어처구니없는 것이어서, 사람들은 그의 농담 때문에 웃는 것이 아니라 그를 경멸해서 웃곤 했습니다. 하지만 가끔은 성공을 거두기도 해서 마치 '줄기차게 주사위를 던지는 사람은 언젠가 행운을 얻을 수도 있다'는 속담을 생각나게 만들기도 했습니다.

어찌됐든, 그 자리의 누군가가 추기경과 내가 절도범과 부랑자의 문제를 해결했으니 이제 남은 문제라곤 너무 늙거나 너무 게을러서 생계를 유지할 수 없는 가난한 사람들을 위한 적절한 국가 시책을 결정하는 것뿐이라면서, 그에게 의견을 말해달라고 했습니다. 그러자 그는 이렇게 대답하더군요.

"그 문제라면 나에게 맡겨주십시오. 어떻게 해야 하는지 딱 부러지게 말씀드리겠습니다. 사실 저는 그런 사람들과 마주치지 않게 되기를 간절히 바라고 있습니다. 구슬프게 노래 부르며 돈을 구걸하는 그런 사람들 때문에 나는 너무나 자주 괴로웠습니다. 그들의 노래는 아무런 감흥도 없어서 제가 돈을 준 적은 없었습니다만. 사실 뭔가를 주고 싶은 생각이 들지 않거나, 주고 싶은 마음이 들어도 줄 것이 전혀 없었거나, 늘 그런 식이었죠.

그들은 이제 내게 기대할 것이 전혀 없다는 걸 알게 되었습니다. 이젠 나를 마주쳐도 그냥 지나치도록 내버려둡니다. 나를 성직자보다 그다지 나을 것이 없는 사람이라고 여기는 거죠. 어쨌든, 나는 그런 걸인들을 베네딕트 수도원에 강제로 등록시키는 법을 만들자고 제안합니다. 그렇게 해서 남자들은 수사, 여자들은 수녀가 되도록 하는 겁니다."

추기경이 미소를 지으며 장난스럽게 동감을 표시하자 다른 사람들은 무척이나 진지한 표정으로 동의를 하더군요. 하지만 신학을 연구한 것이 분명한 탁발수사(托鉢修士) 한 사람만은 동의하지 않았습니다. 그는 평소 무척이나 근엄한 표정을 짓고 있는 사람이었는데, 성직자와 수도사들에 대해 빈정거리는 것이 재미있었는지 농담을 걸기 시작했습니다.

"하지만 그렇게 쉽사리 걸인들을 없애지는 못할 겁니다. 우리 같은 탁발수사들은 어떻게 하시렵니까?"

"별말씀을 다 하시는군요. 그 문제에 대해선 이미 준비가 되어 있습니다. 부랑자들을 통제하여 쓸모 있는 일을 시키면 된다는 추기경님의 멋진 법규를 잊으셨습니까?"

익살꾼은 그렇게 대답했습니다.


## 익살꾼에게 조롱당하는 탁발수사

추기경의 반응을 살펴보기 위해 모두들 추기경을 바라봤습니다. 그리고 추기경이 반대의 뜻이 없다는 것을 확인하자 탁발수사 외에는 그의 말에 칭찬을 쏟아냈습니다.

별로 놀랄 일은 아니었지만, 이처럼 무참한 조롱을 듣게 되자 자제력을 잃은 그 탁발수사는 험한 욕을 해대기 시작했습니다. 그는 악마의 자식이라는 저주를 비롯해 자신이 생각해낼 수 있는 모든 추악한 이름들로 그 익살꾼을 지칭하면서, 성서에 나오는 무시무시한 저주까지 인용해 몰아쳤습니다.

이쯤 되자 그 익살꾼의 진면목이 드러나기 시작했습니다. 그는 마침내 때를 만났다고 생각하고 있는 것 같았습니다.

**탁발수사**

이들은 안락한 수도원에 머물지 않고 집집마다 돌아다니며 구
걸을 했으며, 청빈하고 소박한 수도 생활을 목표로 했다. 그러나
그 수가 많아지면서 노동하지 않고 특권을 누리는 계층으로 인
식되어 논란을 낳았다.

"존경하는 수사님, 너무 노하지는 마세요. 수사님께서는 성서에 '너희의 인내로 너희 영혼을 지킬 수 있으리라'[21]라는 말이 있다는 걸 잘 아시잖습니까?"

"화가 난 게 아니야, 이 죽일 놈아!"

탁발수사는 그렇게 소리쳤습니다. 이 말은 그가 했던 그대로입니다.

"설령 내가 화났다 해도 당연한 일이지.「시편」에 이르기를 '화는 내더라도 그로 인해 죄를 짓지는 말라'[22]고 되어 있거든."

추기경은 그에게 진정하라고 점잖게 타일렀습니다.

"아니, 진정하라구요?"

그는 계속 말을 이었습니다.

"제 성격에는 아무런 문제도 없습니다. 이런 말들을 내뱉게 한 것은 정당한 열정, 성자들에게 영감을 주었던 것과 같은 종류의 정당한 열정입니다.「시편」에 '주의 집을 위하는 열정이 나를 삼켜버렸나이다'[23]라 했습니다. 또 교회에서는 이런 찬송가를 부릅니다.

베델 성지로 오르는 위대한 엘리사를
대머리라 조롱했던 아이들은

---

**21** 「누가복음」 21장 19절.
**22** 「시편」 4편 4절. 정확하게는 "너희는 (분내어) 떨며 범죄치 말지어다. 자리에 누워 심중에 말하고 잠잠할지어다"라고 씌어 있다.
**23** 「시편」 69편 9절.

그 대머리의 열정으로 벌을 받았네.[24]

추잡하게 남을 비꼬는 저 멍청이에게도 똑같은 일이 일어날 것이라고 감히 말할 수 있습니다."

그러자 추기경이 대답했습니다.

"그대의 감정이 고상하다는 건 잘 알고 있소. 하지만 바보와 싸워 스스로 바보가 되도록 하지 않는다면, 그대의 행동이 한결 더 성스러워질 거라 생각하오. 분명 그렇게 하는 것이 더 현명할 거요."

탁발수사가 반박했습니다.

"그렇지 않습니다, 성하. 그렇게 하는 것이 더 현명한 행동은 아닙니다. 솔로몬보다 더 현명한 사람은 없지 않습니까? 바로 그 솔로몬이 '미련한 자에게 대답할 때는 그 미련한 말과 같은 말로 대답하라'[25]고 했습니다. 바로 지금 제가 하고 있는 행동이지요. 저는 지금 저 친구에게 신중하게 처신하지 않으면 곧 바닥 없는 깊은 함정에 떨어져 내릴 것이라는 사실을 증명해주고 있는 것입니다. 엘리사의 경우, 한 명의 대머리를 조롱했던 자가 42명이나 됐지만 그의

---

24  탁발수사 성 빅토의 「아담 찬미가」 일부. 「아담 찬미가」는 카멜 파 탁발승단에서 부르던 찬미가이다. 이 승단은 구약 시대의 예언자 엘리사를 모범으로 따랐는데, 엘리사가 대머리였다는 전설에 따라 머리 한가운데를 둥글게 밀어 민머리를 만들었다. 구약 「열왕기하」 2장 23~24절에 자신을 대머리라고 놀리는 아이들을 저주하여 42명을 죽게 만드는 엘리사의 이야기가 나온다.
25  「잠언」 26장 5절.

열정이 그들을 처벌했던 것입니다. 그렇다면 지금 여기 있는 이 자에게는 훨씬 더 험악한 일이 일어날지도 모릅니다. 단 한 명의 조롱꾼이 기독교계의 모든 탁발수사에게 대항하는 꼴입니다. 탁발수사는 거의 대부분이 대머리 아닙니까![26] 더 나아가, 탁발수사에 대한 조롱을 금지하고, 위반하는 자는 파문에 처한다는 교황의 교서도 있거든요."

논쟁이 쉽게 끝나지 않을 것으로 판단한 추기경은 익살꾼에게 한발 물러서달라는 몸짓을 하고는 능숙하게 화제를 바꾸었습니다. 잠시 후 추기경은 도움을 청해온 사람들과 면담을 해야 한다며 자리에서 일어섰고 우리 일행은 헤어졌습니다.

그나저나 모어 선생, 지루한 이야기를 너무 길게 한 것 같군요. 이런 이야기를 듣고 싶어했던 사람은 당신뿐이었습니다. 게다가 이야기를 열심히 들어주셔서 모두 다 들려드려야겠다고 생각했습니다. 여하튼 비록 주마간산 격이긴 했지만 선생께 그들의 사고방식을 알려주기 위해서는 들려드릴 만한 가치 있는 대화였던 것 같습니다.

들으신 것처럼 내 의견들은 모두 무시당했지만 추기경이 반대하지 않는다는 것을 알게 되자 그들은 모두 그 의견을 지지했습니다. 추기경에게 아첨을 못해 안달이 난 그들은 추기경이 자기 식객의 제안에 농담 삼아 동감을 표시하자 그 제안을 진지하게 받아들이

---

26  주24 참조.

는 것은 물론 거의 환호성까지 지를 것처럼 처신했습니다. 이것으로 미루어보아 궁정에 있던 사람들이 내 조언에 대해 어떤 식으로 반응할 것인지 미루어 짐작하실 수 있을 것입니다.


## 철학 없는 왕과 간교한 고문관들의 회의

**모어** | 라파엘 선생, 좋은 말씀 잘 들었습니다. 선생의 말씀에는 재치와 지혜가 가득하군요. 게다가 말씀을 듣는 동안 고향땅 영국도 생각나고 어린 시절로 돌아간 듯한 기분이었습니다. 어릴 적에 생활했던 추기경님의 집과 그분에 관한 즐거운 기억들이 되살아났습니다. 처음부터 선생을 좋아했지만, 추기경님에 대한 호의적인 기억을 이야기해주시니 선생이 더욱 좋아지는 것 같습니다. 하지만 궁정에 대한 혐오감만 떨쳐버릴 수 있으셨다면 선생의 조언이 많은 사람들에게 커다란 도움이 되었을 것이라는 생각을 지울 수가 없군요. 훌륭한 뜻을 지닌 분으로서, 그런 조언을 하는 것은 선생의 당연한 의무라고 생각합니다.

선생의 친구이신 플라톤의 말씀을 기억하고 계실 겁니다. "행복한 국가는 철학자가 왕이 되거나, 왕이 철학을 공부할 때 비로소 이루어질 수 있다"[27]고 했던 것 말입니다. 그러니 철학자들이 왕에게 조언하기를 꺼린다면 행복한 국가는 영원히 이룩할 수 없는 것

---

27 플라톤의 『국가론』 5권.

아니겠습니까!

**라파엘** | 아, 철학자들이 그렇게까지 몰인정하지는 않습니다. 그들은 권력을 쥐고 있는 사람들이 받아들이기만 한다면 기꺼이 조언할 것입니다. 실제로 많은 철학자들이 책들을 통해 이미 많은 조언을 했습니다. 그것은 분명 플라톤이 했던 말을 그대로 실천한 것이 아니겠습니까?

그는 어린 시절부터 잘못된 사상에 깊이 빠져 있는 군주는 스스로 철학자가 되지 않는 한, 철학자의 충고를 받아들이지 않으리라는 것을 알고 있었던 것입니다. 바로 디오니시오스[28]와의 경험을 통해 알고 있었던 거죠. 왕에게 합리적인 법률을 제정하도록, 혹은 자신의 마음속에 있는 치명적인 병균을 없애버리라고 권하기 시작한다면 어떤 일이 일어날 것이라 생각하십니까? 아마 나는 즉시 쫓겨나거나 아니면 웃음거리가 되고 말 것입니다.

예를 들어 내가 프랑스 내각 수뇌부의 극비회의[29]에 참석하고 있다고 상상해봅시다. 왕은 자신의 자리에 앉아 있고, 원탁에는 여섯

---

**28** 디오니시오스(Dionysios, 기원전 430~367). 시칠리아의 섬 시라쿠사를 다스린 왕. 폭군이었으나 만년에는 예술가와 학자들을 환대하여 문학과 예술을 부흥시키고자 하였다. 플라톤도 왕의 초청을 받아 시라쿠사 왕궁을 방문했으나 그는 플라톤의 이론에 흥미를 갖지 못했다. 결국 방문 기간 말기에는 그를 노예로 팔아버리라고 명령하기까지 했다.

**29** 이 상황은 모어가 글을 쓰기 시작한 1516년 당시의 유럽 정세이다. 1515년까지 왕위에 있던 프랑스의 루이 12세는 이탈리아의 밀라노와 나폴리를 점령했었다. 그러나 루이 12세가 죽자 프랑스는 곧 밀라노를 전 왕에게, 나폴리는 에스파냐의 페르난도에게 빼앗겼다. 프란시스 1세는 이 두 영토를 회복하기 위해 골몰하고 있었다.

명의 경험 많은 고문관들이 둘러앉아 다음과 같은 문제들을 해결하는 방법에 대해 진지하게 논의하고 있습니다. 어떻게 하면 왕이 계속 밀라노를 장악할 것이며, 또 나폴리를 다시 탈취할 수 있을 것인가?[30] 어떻게 하면 베네치아를 정복하여 이탈리아를 완전히 복속시킬 것인가? 그 후 어떻게 하면 왕이 꿈속에서 이미 정벌했던 그 외의 모든 국가들은 말할 것도 없고, 플랑드르와 브라반트 그리고 마침내는 부르고뉴 전체를 지배할 수 있을 것인가?

어떤 고문관은 베네치아와 조약을 맺은 다음, 왕이 편리하다고 생각하는 기간 동안에만 그 효력을 유지하자고 제안합니다. 왕은 베니스인들이 믿음을 가질 수 있도록 해야 하고, 전리품도 일부는 양도해야 합니다. 하지만 나중에 원했던 것을 다 얻게 된 후에는 언제라도 그 전리품을 돌려달라고 요구할 수 있게 되는 것입니다.

또 다른 고문관은 독일 용병을 고용하자는 제안을 하고, 세번째 고문관은 스위스를 매수하자는 의견을 냅니다. 네번째 고문관은 어느 정도의 황금을 바쳐 신성로마제국을 회유하도록 권합니다. 다섯번째 고문관은 아라곤 왕과의 관계를 개선하는 것이 현명하다는 판단 아래, 화해의 선물로 왕이 통치하지도 않고 있는 나바르 왕국을 양도하자[31]고 건의합니다.

---

30  루이 12세는 즉위하자마자 밀라노 대공의 칭호를 탈취했고 프랑스 군대는 밀라노로 들어갔다. 그는 도시 국가였던 베네치아와 조약을 맺었고, 에스파냐 북부의 아라곤과 조약을 맺은 후 함께 나폴리를 침공해 점령했다. 이 당시 유럽의 상황은 『군주론』(돋을새김)을 보면 상세하게 알 수 있다.

31  나바르 왕국은 1234년부터 프랑스가 지배하고 있었는데, 아라곤 왕이 계속 그 소유권을

한편 여섯번째 고문관은 혼인동맹을 제안하여 카스틸랴 왕을 프랑스 진영으로 끌어들이고[32] 그의 중신 몇 명에게는 지원의 대가로 정기적인 은급을 지불해야 한다고 제안합니다.

그리고 마침내 모든 사안들 중에서 가장 까다로운, 영국을 어떻게 할 것인가 하는 문제를 다룹니다. 자, 첫번째 조치는 당연히 평화회의를 개최하여 진지한 동맹조약을 체결하자는 것입니다. 하지만 그 조약은 아무런 의미도 없습니다. 다른 말로 하자면 영국을 친구라고 부르기는 하지만 잠재적인 적으로 간주하자는 거지요. 그렇게 하면 스코틀랜드인은 영국이 조금이라도 움직임을 보이는 경우 즉각 진격할 준비를 갖추고 늘 경계 태세를 취하고 있을 것입니다.

왕위 계승을 주장하다 추방된 영국 왕족[33]을 은밀히 부추기는 것도 역시 훌륭한 방책입니다. 공개적으로 조약을 맺을 수는 없지만 이런 방법으로 왕은 영국의 왕을 적절히 통제할 수 있게 됩니다. 그렇게 해두지 않으면 영국 왕은 절대로 믿을 수 없는 인물이거든요.

주장하고 있었다. 1515년 아라곤과 카스틸랴의 왕 페르난도는 스스로 나바르 왕이라는 칭호를 사용했으며, 1516년 나바르 영토를 합병했다.

**32**  찰스 왕이 헨리 8세 누이와의 약혼을 파혼하고 프란시스 1세의 처제와 약혼한 것을 풍자한 것이다.

**33**  퍼킨 워벡(Perkin Warbeck, 1474~1499)을 가리키는 것으로 보인다. 그는 프랑스 샤를 8세의 후원을 받아 스코틀랜드의 제임스 4세와 함께 영국을 침략했다.

## 현명한 조언이 받아들여지지 않는 이유

이처럼 모든 강력한 설득력이 동원되고, 내로라하는 정객들이 군사행동에 관한 계획들을 앞다투어 조언하고 있는 그 자리에서, 보잘것없는 라파엘이 일어나 완전히 다른 방식의 정책을 제안합니다. 왕에게 이탈리아에 대해선 잊어버리고 국내에 머물러 있으라고 권유하는 겁니다. 프랑스는 이미 어느 한 사람이 원활하게 다스리기 어려울 만큼 큰 나라이므로, 더 이상 영토 획득에 노심초사할 필요가 전혀 없다고 조언합니다.

그리고 나서 유토피아의 남동쪽에 위치한 아코리이[34]의 역사에서 있었던 한 가지 사건을 예로 들려줍니다. 아코리이의 왕은 오래 전의 혼인관계를 구실로 삼아 주변 왕국에 대한 왕위계승권이 자신에게 있다고 생각했습니다. 그래서 국민들은 왕을 위해 그 왕국을 차지하려는 전쟁을 시작했습니다. 결국 그들은 전쟁에서 승리를 거두었지만, 그 문제의 왕국이 점령할 때만큼이나 통치하기도 어렵다는 사실을 알게 되었습니다. 반란과 외적의 침입이 끊임없이 일어났던 것입니다. 그들은 언제나 새로운 백성들을 보호하기 위해 싸우거나 그 새로운 백성들과 싸워야만 했습니다. 그들은 한 순간도 군대를 해산할 수 없었으며, 그러는 동안에 서서히 파멸해갔습니다. 국가의 재산은 국외로 유출되었고, 한 사람의 사소한 야욕

---

34  아코리이(Achorii)는 부정의 접두어 'a'와 '국가'를 뜻하는 'chora'로 이루어진 단어이다. 즉 '나라가 아니다'라는 뜻이다.

을 채우기 위해 국민들은 목숨을 잃어야 했습니다. 본국의 사정 역시 전쟁을 치르고 있던 때보다 불안해졌습니다. 전쟁으로 인해 도덕성도 낮아져 백성들은 살인과 절도를 쉽게 저질렀습니다. 왕의 관심이 두 개의 왕국에 분산되어 있어, 어느 한 왕국도 제대로 다스릴 수 없었기 때문에 준법정신이 사라지고 말았던 것입니다.

아코리이 사람들은 어떤 조치를 취하지 않는다면 이러한 절망적인 사태가 끝없이 지속되리라는 것을 깨닫고, 마침내 행동에 옮기기로 결정했습니다. 그들은 지극히 공손한 태도를 갖춰, 왕에게 어떤 왕국을 유지하고 싶은지 물어보았던 것입니다.

그들은 왕에게 이렇게 설명했습니다.

"폐하께선 두 개의 왕국을 동시에 통치하실 수 없습니다. 반쪽짜리 왕으로 통치하기에는 백성들이 너무 많기 때문입니다. 비록 백성들이 단순한 노새 떼라 해도 그 뒤치다꺼리를 하는 데에도 시간이 모자랄 지경입니다."

그래서 그 군주는 어쩔 수 없이 새 왕국을 자신의 친구에게 넘겨주었고 ── 그 친구는 오래지 않아 축출당했습니다 ── 본래의 왕국만을 다스리기로 했습니다.

또한 나는 프랑스 왕에게 이런저런 전쟁을 모두 시작하여 모든 나라들을 혼란 속에 빠뜨린다 해도, 결국은 스스로를 파멸시키고 아무런 소득도 없이 백성들을 잃게 되기 십상이라는 것을 상기시켜줍니다. 그러므로 조상들에게 물려받은 왕국에 온 힘을 기울여 아름답고 번영하는 나라로 만들고, 백성들을 사랑하고 그들로부터

존경받으며, 그들과 함께 살며 자애로 다스리고, 이미 다스리기에
벅찰 정도의 영토를 차지하고 있으니 영토 확장에 관한 모든 생각
들을 포기하라고 충고합니다.

자, 모어 선생, 프랑스 왕이 나의 권고에 어떻게 반응하리라고
생각하시는지 말씀해주시겠습니까?

**모어** | 전혀 귀담아듣지 않겠지요. 그렇다는 걸 인정할 수밖에
없군요.


## 왕의 재산을 늘리는 다섯 가지 방법

**라파엘** | 자 그럼, 또 다른 경우를 상상해보도록 합시다. 어떤 왕
의 재정 고문관들이 모여 어떻게 하면 왕의 자산을 늘릴 수 있을
것인가를 논의하고 있다고 생각해봅시다. 그중 한 명은 왕이 돈을
내주어야 할 때는 화폐가치를 올리고, 돈을 받아야 할 때는 화폐가
치를 터무니없이 내리자[35]고 제안합니다. 그렇게 하면 왕의 수입액
은 증가하고, 부채를 갚는 비용은 감소되는 효과를 거둘 수 있기
때문입니다.

두번째 고문관은 전쟁을 일으킬 것처럼 처신해야만 한다고 제안

---

**35** 실제로 에드워드 4세와 헨리 7세는 화폐가치를 절상했다. 그리고 모어 사후인 1554년부
터는 실제로 왕실의 경비를 충당하기 위해 세금을 많이 걷을 목적으로 영국 주화의 가
치를 평가 절하했다.

**헨리 7세와 헨리 8세 부처**

튜더 왕조의 첫번째 왕인 헨리 7세와 그 뒤를 이어 왕이 된 헨리
8세. 헨리 8세는 영국 역사에서 가장 강력한 왕권을 휘두른 왕
이다.

합니다. 그렇게 하면 특별세를 거두어들일 구실[36]이 생기는 것입니다. 그리고 나서 적절한 시기에 백성들을 걱정하는 자애로운 군주로서 유혈참변을 지켜볼 수 없다는 자세로 근엄하게 전쟁을 철회하자는 것이지요.

세번째 고문관은 오랫동안 폐기되다시피 한 낡은 법을 —— 그런 법률이 있다는 것을 아무도 모르기 때문에 누구나 위반하고 있는 그런 법이지요 —— 왕에게 일러주면서, 그 법의 위반자들로부터 벌금을 징수하자고 강력히 권합니다. 그것은 도덕적인 의미에서나 재정적인 의미에서 모두 왕의 신망을 쌓는 데 크게 도움이 될 것입니다. 그 법은 정의라는 가면을 쓰고 집행될 것이기 때문입니다.

네번째 고문관은 특정한 범죄들, 그중에서도 가장 반사회적인 범죄에 대해서 막중한 벌금을 부과하는 법률들의 제정을 제안합니다.[37] 그리고 나서 그 법률들로 인해 불편을 느끼는 자들에게 면죄부를 판매한다는 것입니다. 그렇게 하면 수입원은 두 배로 늘리면서 백성들 사이에서 왕의 인기를 확실히 보증받을 수 있게 되는 겁니다. 일단 왕이 만들어놓은 함정에 빠진 폭리자(暴利者)들에게서 벌금을 거두어들일 수 있고, 게다가 특별 면죄부를 판매하여 다시 돈을 거두어들이기 때문입니다. 물론 이 특별 면죄부의 가격은 왕의 도덕적 특성에 따라 달라질 것입니다. 왕의 도덕적 원칙이 높을

---

**36** 헨리 7세가 1492년 프랑스와의 전쟁을 위해 특별세를 징수했던 것을 가리키는 듯하다.
**37** 세번째 고문관과 네번째 고문관이 건의한 방법은 실제로 헨리 7세가 사용한 방법이었다.

수록 공공의 이익에 반하는 행위들을 더 못마땅하게 생각할 것이고, 그로 인해 면죄부의 가격은 높아지게 될 것입니다.

　다섯번째 고문관은 몇몇 재판관들을 휘어잡아 그들이 언제나 왕에게 유리한 판결을 내리도록 해야 한다고 건의합니다. 그리고 그 재판관들을 궁정으로 초청해 왕의 법적 지위에 대해 논의해야만 한다고 주장합니다. 왕이 명백한 잘못을 저지른 경우일지라도, 재판관들 중 한 명은 정의를 물리치는 데 도움이 될 허점을 분명히 찾아낼 수 있을 것입니다. 그 재판관이 이런 짓을 하는 동기가 어떻든 간에 —— 반론을 펴고 싶은 열망 때문이든, 뻔한 판결을 싫어해서든, 혹은 단순히 즐기기 위해서든 —— 그 결과는 마찬가지일 것입니다. 그렇게 되면 모든 재판관들이 상반된 의견을 내게 되어, 명명백백한 사건도 논란에 빠져들게 되고, 가장 단순한 사실들도 의혹에 휩싸이게 됩니다.

　이러한 상황은 결국 왕에게 이로운 방식으로 법을 해석할 수 있는 멋진 기회를 제공하게 되는 겁니다. 그 외의 사람들은 공포 때문이든 예의를 다하기 위해서든 왕의 해석에 동의하게 될 것이고, 재판석에서는 그 해석에 따라 근엄한 선고를 하게 되는 것입니다. 결국 왕에게 유리한 판결을 정당화하는 방식이 무척 많아지게 되는 겁니다. 형평법에 근거를 두거나, 법률의 문구에 의존하거나, 그 의미를 조금 왜곡시키거나, 혹은 성실한 재판관이라면 지상의 어떤 법보다 더 존중하는, 신성불가침의 왕권에 더욱 비중을 두게 되는 것입니다.

군대를 유지하기 위해선 아무리 많은 돈도 충분하지 않다는 크라수스[38]의 신조에는 아무도 이견이 없습니다. 또한 한 나라의 백성들을 포함한 모든 것이 왕의 것이므로 왕이 아무리 많은 것을 원한다고 해도 결코 잘못을 범하는 것이 아니며, 또한 왕이 자애로워서 빼앗지 않은 것 외에는 사유재산이 있을 수 없다는 사실[39]에 대해서도 누구나 동의하고 있습니다. 백성들이 너무 많은 재산이나 자유를 누리지 않아야 왕의 안전이 보장되므로, 왕은 언제나 이런 잠정적인 사유재산을 최소한으로 유지시켜야 합니다. 넉넉한 재산과 자유를 누리게 되면 백성들은 부당함이나 억압을 감내하지 않을 것이며, 반면에 가난과 궁핍은 백성들을 우둔하고 복종적으로 만들며 고상한 반항 정신을 억누릅니다.

## 진정한 왕의 위엄은 어디에서 비롯되는가

이때 내가 다시 자리에서 일어나, 왕의 특권과 안전은 왕의 재산보다는 백성의 재산에 의존하는 것이기 때문에, 그들의 조언대로 실행하는 것은 절대 현명한 처신이 아니며, 오히려 가장 부도덕한

---

**38** 크라수스(Crassus, 기원전 115~53). 로마 제1차 삼두정치 멤버 중 한 사람. 로마의 대부분을 소유했을 정도로 막대한 재산을 모은 부호였다.

**39** 1504년 젊은 의원이었던 모어는 헨리 7세의 과중한 세금안에 반대했다. 이 일로 왕의 노여움을 산 모어는 의원직을 그만둘 수밖에 없었다. 왕은 이에 그치지 않고 모어의 아버지에게 자식을 잘못 가르친 죄를 씌워 런던탑에 가두었으며 백 파운드의 벌금을 물린 뒤, 석방하였다.

일이라고 말합니다.

"애초에 백성들이 왜 폐하를 왕으로 삼았을 것이라고 생각하십니까?"

나는 왕에게 묻습니다.

"폐하를 위해서가 아니라 그들 스스로를 위해 그랬던 것입니다. 폐하가 전심전력을 다해 그들의 삶을 평안하게 해주고, 부당한 일로부터 보호해주기를 원했던 것입니다. 그러므로 폐하의 사명은 폐하의 안전이 아니라 백성의 안녕을 돌봐주는 것입니다. 그건 양치기의 사명과 같은 것이지요. 엄밀히 말해, 자신이 아니라 양을 먹이는 것이 양치기의 사명인 것입니다.

백성들을 가난하게 만들어야 평화를 가장 잘 유지시킬 수 있다는 이론은 사실과 전적으로 모순됩니다. 거지들은 이 사회의 가장 골치 아픈 계층일 것입니다. 현재 생활 여건에 불만을 품고 있는 자들보다 더 반란을 일으키기 쉬운 자들이 또 있겠습니까? 잃을 것이 전혀 없는 자들이야말로 개인적인 이익을 얻기 위해 모든 것을 뒤엎으려는 충동을 가장 강하게 느끼지 않겠습니까?

만약 왕이 폭력과 착취 그리고 압류를 통해 백성들을 헐벗게 만들지 않고서는 통치할 수 없을 만큼 그들로부터 미움과 멸시를 받고 있다면 차라리 그 자리를 남에게 넘겨주는 것이 훨씬 더 나을 것입니다. 그러한 수단으로 왕위에 머물러 있을 수는 있겠지만, 왕의 위엄은 무너지고 맙니다. 헐벗은 백성들을 다스리면서 위엄을 갖출 수 없습니다. 진정한 위엄은 부유하고 번창해나가는 백성들을 다스리는 데서 얻는 것입니다. 이것이 바로 모두들 존경하는 파부리시우스[40]가 '스스로 부자가 되는 것보다 부자를 다스리겠다'고 했던 말의 참뜻입니다. 자기 주변의 모든 사람들이 고통에 빠져 신음하고 있을 때, 사치스러운 생활을 즐기는 자를 왕이라 부를 수 없습니다. 그런 자는 죄수를 지키는 간수가 더 어울립니다.

한마디로 말해, 다른 질병을 전염시키지 않고서는 병을 고칠 수 없는 의사가 가장 형편없는 의사인 것처럼, 백성들의 생활 수준을 떨어뜨리지 않고서는 범죄를 억제하지 못하는 왕은 통치법을 전혀 모른다고 스스로 인정해야만 합니다.

그는 자만심이나 게으름과 같은 자신의 악덕부터 억제해야 합니다. 그러한 품성은 증오나 경멸을 받기 쉬운 결점들이기 때문입니다. 왕은 다른 이들에게 폐가 되지 않도록 자기 자신의 재산만으로 생활해야 합니다. 스스로 지출과 수입의 균형을 맞추어야만 합니다. 범죄를 조장했다가 나중에 처벌하지 말고 합리적인 통치를 통해 범죄를 예방해야 합니다. 오랫동안 묵혀두었던 법률은, 특히 백성들이 그 법률 없이도 잘 살아가고 있을 경우에는, 그 집행을 신중히 검토해야만 합니다. 그리고 벌금을 거두어들일 구실로 범죄를 새로이 만들어내서는 안됩니다. 그 누구라 할지라도 그런 부정직한 처사는 용납할 수 없는 것입니다.

---

**40** 파부리시우스(Fabricius, 기원전 3세기 초). 로마 공화정 시대의 집정관으로 사치와 낭비를 경멸한 사람으로 유명했다.

그러면 지금부터 유토피아에서 그리 멀지 않은 마카렌세스[41]에서 실행중인 제도에 대해 말씀드리겠습니다. 그 나라의 왕은 대관식 때 자신의 금고에 천 파운드 이상의 금이나 그에 상당하는 은을 절대로 보관하지 않겠다는 것을 엄숙히 서약합니다.

이 제도는 분명 자신의 안락함보다 국가의 복지를 더 우선으로 생각했던 그들의 뛰어난 선왕에 의해 제정되었을 것입니다. 그 왕은 이 제도가 국가적 빈곤을 가져올 만큼 왕실의 재산이 축적되는 것을 막을 수 있다고 생각했고, 반란을 진압하고 외적의 침략을 격퇴하는 데는 충분하지만 외국을 침략하겠다는 생각을 품기에는 충분치 않을 것으로 생각했기 때문에 그런 특정한 금액을 정해놓았던 것입니다.

그 점이 그가 생각한 주안점이었겠지만 그것만 고려했던 것은 아니었습니다. 그는 또한 이 제도의 실행을 통해, 일상적인 교역을 위한 화폐의 유통이 언제나 원활하게 이루어질 것이며, 왕은 정해진 한도를 넘어선 자본을 보유할 수 없으므로 부당한 자금을 끌어들이려는 마음을 품지 않게 될 것이라 믿었기 때문입니다."

자, 이제 선생은 악한 이들은 두려워하고, 선한 이들은 사랑하는 왕의 모범을 알게 되었습니다. 하지만 만약 내 의견과 정반대의 생각을 굳게 품고 있는 사람들에게 이러한 이야기를 들려준다면, 그

---

41　마카렌세스(Makarenses)는 '행복한'이란 뜻의 'maka'에서 나온 말로, '행복한 나라'라는 뜻이다.

들이 내 말을 듣기라도 할 거라고 생각하십니까?

## 우회적 현실 참여라는 말의 허상

**모어** | 당연히 들으려고조차 하지 않겠지요. 하지만 나는 그들을 비난할 수는 없습니다. 솔직히 나는 선생의 말을 전혀 받아들이지 않을 것임을 알고 있으면서, 그들에게 왜 그러한 말을 해야 하는지, 혹은 그런 충고를 해야 하는지 알 수가 없습니다. 그렇게 하는 것이 무슨 소용이 있겠습니까? 그들의 뿌리 깊은 편견과 완전히 상반되는, 전혀 낯선 생각을 받아들일 것이라고 어떻게 기대할 수 있겠습니까? 그런 이야기는 저 개인으로서는 무척 흥미진진한 것입니다. 하지만 정책의 중요한 결정들이 이루어지는 내각회의에서 그런 철학적인 사색은 전혀 엉뚱한 이야기일 뿐입니다.

**라파엘** | 내가 말하려고 했던 것이 바로 그겁니다. 궁정에는 철학이 끼어들 여지가 전혀 없다는 것입니다.

**모어** | 현실적인 문제들을 고려하지 않은 학문적인 논의가 끼어들 여지가 없다는 것은 분명합니다. 하지만 급변하는 환경에 대한 이해를 바탕으로 하는, 다시 말해서 즉각적으로 실천에 옮기기에 적합한 역할을 하는, 보다 더 개량된 형태의 철학도 있습니다. 선생께서 추구해야 하는 철학은 바로 그런 것입니다.

그렇게 하지 않으면 철학자의 옷을 걸쳐 입은 한 무리의 노예들이 우르르 무대로 몰려나와 플라우투스[42]의 희극을 중단시키고, 세네카와 네로가 논쟁하던 『옥타비아』의 한 장면[43]을 암송하는 것이나 마찬가지 형국이 될 것입니다. 엉뚱한 대사를 끼워 넣어 희극도 비극도 아니게 만들어버리는 것보다 아무 말도 하지 않고 있는 것이 더 낫지 않을까요? 비록 선생의 공헌으로 그 전의 공연보다 나아졌다 해도 그 결과 앞뒤가 맞지 않게 된다면 연극 전체는 엉망이 돼버리고 말 테니까요.

그래서는 안 됩니다. 선생께서는 최선의 노력을 기울여 현재의 작품이 성공할 수 있도록 해야 합니다. 선생께서 더 재미있을 것이라 생각하는 또 다른 연극이 우연히 떠올랐다고 해서 연극 전체를 망쳐서는 안 되는 것입니다.

그와 똑같은 규칙이 정치와 궁정 생활에도 적용됩니다. 선생께서 잘못된 생각들을 완전히 뿌리 뽑지 못하거나 고질적인 악덕을 기대했던 수준만큼 제거하지 못한다 하더라도, 그것을 이유로 공적인 활동에 완전히 등을 돌려서는 안 됩니다. 거센 바람을 어찌해볼 수 없다는 이유만으로 폭풍우에 휩싸인 배를 버려서는 안 되는 것처럼요.

게다가 기존의 것과 전혀 다른 새로운 생각을 완전히 인정받으

---

**42** 플라우투스(Plautus, 기원전 254?~184). 고대 로마의 희극 작가.

**43** 『옥타비아』는 세네카의 작품으로 알려진 비극이지만 확실하지가 않다. 옥타비아는 네로의 황후였는데 그는 다른 여자와 결혼하기 위해 그녀와 이혼한 후 살해하고 만다. 여기서 말하는 한 장면은 네로에게 선량한 군주가 되라고 설득하는 세네카의 8행시를 말한다.

리라 기대하는 것은 무리입니다. 그런 생각들에 대해 강한 편견을 지니고 있는 사람들에게는 당연히 하찮게 여겨질 것이기 때문입니다. 선생은 우회적인 방법으로 활동해야 합니다. 모든 일을 최대한 주도면밀하게 다루어야 하며, 제대로 바로잡을 수 없는 일이라면 잘못된 부분을 가능한 최소화하도록 노력해야만 합니다. 인간들이 완벽해지기 전까지 세상사는 절대 완벽할 수 없기 때문입니다. 나는 아무리 시간이 많이 흘러도 인간들이 완벽해질 것이라고 생각하진 않습니다.

## 플라톤의 명쾌한 비유

**라파엘** | 선생이 말씀하신 방법의 이점이라고는, 사람들의 광기를 치료하려 애쓰는 동안 나 자신은 미치지 않을 수 있다는 것뿐입니다. 그러나 사실대로 말한다면, 나는 선생이 반대할 말을 할 수밖에 없습니다. 철학자가 거짓말을 하는 것이 옳은지 그른지는 잘 모르겠지만, 분명한 것은 나는 거짓말을 할 수 없다는 것입니다. 더 나아가 비록 그들이 내 말을 거북해한다 해도, 그것이 잘못된 것이라고 생각해야 할 이유를 모르겠습니다.

플라톤의 상상 속의 공화국이나, 오늘날 유토피아에서 실행하고 있는 제도를 권유하려는 것이 아닙니다. 그러한 제도들이 분명 우리의 제도보다 훌륭한 것이기는 하지만, 사유재산 대신 공동소유에 그 근거를 두고 있으므로, 그들에겐 매우 큰 충격이 될 것입니다.

**플라톤(왼쪽)과 아리스토텔레스**
플라톤은 철학자의 정치 참여에 회의적이었지만, 정의에 의해
다스리는 이상국가론인 그의 책 『국가론』은 토마스 모어의 사상
에 깊은 영향을 미쳤다.

당연히 그들은 내 제안들을 좋아하지 않을 것입니다. 그들은 일련의 실제적인 행동에만 온 힘을 다 쏟아왔기 때문에, 그들 앞에 놓여 있는 위험들을 드러내 보여주고 모든 일을 포기하라고 말한다면 당연히 분노할 것입니다.

하지만 그것과는 별개로, 내 생각을 말할 수도 없고 또 말해서도 안 된다고 한다면 무슨 말을 할 수 있겠습니까? 비웃음을 사게 될 것이 두려워 사람들의 통념과 다른 이야기는 전혀 하지 못한다면, 기독교 국가인 이곳에서도 그리스도의 모든 가르침을 입 밖에 내서는 안 될 것입니다.

그러나 그것은 절대 그가 원했던 일이 아닙니다. 그리스도는 제자들에게 은밀히 가르쳤던 모든 가르침을 높은 곳에 올라 널리 알리라[44]고 하지 않았습니까? 그리고 그의 가르침은 대부분 내가 제안했던 것들보다 훨씬 더 현재의 통념을 벗어나는 것들입니다. 만약 선교사들이 당신들의 권유를 받아들여, 그의 가르침을 변형시키지 않았다면 말입니다!

그 선교사들은 분명 이렇게 강변할 것입니다.

"인간의 행동을 기독교 윤리에 일치시킬 수는 없습니다. 그러니 기독교 윤리를 인간의 행동에 어울리도록 만듭시다. 그렇게 하면 인간의 행동과 기독교 윤리 사이에 최소한의 연결고리가 생겨날

---

44 「누가복음」 12장 3절. "그러므로 너희가 어두운 데서 한 말을 밝은 데서 듣게 되며 골방에서 귀에 대고 속삭인 말이 지붕 위에서 선포될 것이다."

것입니다."

하지만 나는 그들이 선행을 베푸는 것을 전혀 볼 수 없었습니다. 그들은 단지 사람들이 양심의 가책을 받지 않고 죄를 저지르도록 만들어주었을 뿐입니다. 그리고 그것이 바로 내가 궁정회의에서 할 수 있는 일의 전부입니다. 그곳에서는 동료들에게 반대 투표를 하거나 —— 이것 또한 투표를 하지 않는 것과 다를 바 없는 일입니다 —— 찬성 투표를 해야만 하는데, 이럴 경우에는 테렌티우스의 미티오[45]처럼 나는 '미친 짓을 돕거나 부추기게' 될 것이기 때문입니다.

우회적으로 활동하고, 어떤 일을 바로잡을 수 없을 때는 교묘하게 조종하여 사태가 악화되는 것을 최소화하라는 식의 말을 나는 전혀 이해할 수 없습니다. 궁정에서는 자신의 의견을 감추고 있거나, 다른 사람들의 범죄를 못 본 척하고 있을 수 없습니다. 선생은 분명 아주 한심한 정책들을 공개적으로 지지해야 하고, 정말 어처구니없는 결정들에 동의를 표시해야 합니다. 만약 어떤 악법에 대해 그에 걸맞은 열광적인 태도를 보이지 않는다면 선생은 염탐꾼이나 심지어 배반자 취급을 받을 것입니다. 더 나아가 그런 동료들과 일하면서 조금이라도 훌륭한 일을 할 수 있는 기회를 가질 수 있을까요?

---

**45**  테렌티우스(Terentius, 기원전 195~159)는 그리스의 희극 작가이고, 미티오는 그의 희곡 『형제들』에 등장하는 인물이다.

선생은 결코 그들을 개혁시킬 수 없습니다. 선생이 제아무리 존경할 만한 인품을 지니고 있다 해도, 그들이 선생을 부패시키는 것이 훨씬 더 쉬운 일일 것입니다. 그들과 어울리게 되면 선생 자신의 청렴성을 잃게 되거나, 그들의 우매함과 사악함을 숨기는 데 이용당하게 될 것입니다. 선생이 말한 우회적인 방법의 현실적인 결과가 바로 이런 것입니다!

현명한 사람이라면 왜 정치에 관여하지 않아야 옳은지를 설명한 플라톤의 유쾌한 비유[46]가 있습니다. 어느 철학자가 비가 쏟아지는 거리를 달려가며 빗물에 흠뻑 젖고 있는 사람들을 바라봅니다. 그는 그 사람들에게 집으로 돌아가면 비에 젖지 않을 것이라고 설득할 수가 없습니다. 그렇게 말하기 위해 밖으로 나가면 그 자신도 젖게 되리라는 것을 뻔히 알고 있었던 것입니다. 그래서 자신은 집안에 머물러 있으면서 다른 사람들의 어리석음에 대해 어찌해볼 도리가 없으므로 "그래, 어찌됐든 난 괜찮아!" 하고 생각하며 만족하고 있는 것입니다.


## 건강한 사회를 만드는 필수 조건, 사유재산 제도의 폐지

하지만 모어 선생, 진실을 말씀드리자면, 사유재산이 존속되고 모든 것들이 돈에 의해 좌우되는 한, 당신은 진정한 정의나 번영을

---

46  다음에 나오는 비유는 플라톤의 『국가론』 6권에 나오는 비유를 모어가 개작한 것이다.

결코 이끌어낼 수 없을 것입니다. 가장 추악한 사람들이 최상의 생활을 누리고 있기 때문에 정의를 이끌어낼 수 없으며, 국가의 모든 재화를 극소수의 사람들이 차지하고 있으므로 번영을 이끌어낼 수 없습니다. 그 극소수의 사람들도 완벽하게 행복하지 않고, 그 외의 사람들은 모두 비참하게 살고 있으므로 번영하고 있다고 말할 수 없습니다.

사실 최소한의 법률로 모든 일들을 효율적으로 처리하고, 전체의 번영에 부합할 때 개인의 공적을 인정해주는 유토피아의 공정하고도 현명한 제도들과, 언제나 새로운 법규들을 만들어내면서도 제대로 실행되지 않으며, 매일같이 새로운 법률들이 통과되지만 이른바 개인의 사유재산이라는 것조차 안심하고 획득하고 지키도록 해주지 못해 끊임없이 법적 분쟁이 벌어지는 거대한 자본주의 국가들을 비교해볼 때, 모든 면에서 더욱더 플라톤의 생각에 공감하게 됩니다. 그래서 평등 원칙을 무시한 도시[47]를 건설하기 위한 입법은 하지 않겠다고 한 것에 대해서도 놀라지 않을 수 있습니다.

건강한 사회를 만드는 데 필수적 조건은 재화의 공정한 분배라는 것이 그와 같이 뛰어난 지성인에게는 너무나도 당연한 일이었지만, 자본주의 체제하에서는 불가능하다고 생각합니다. 각 개인의 능력에 따라 얼마든지 재산을 차지할 수 있다면, 이용 가능한

---

**47** 기원전 370년 그리스의 펠로폰네소스 반도 중앙부인 아르카디아에 건설된 도시 메갈로폴리스를 가리킨다. 플라톤은 이 도시의 헌법 기초를 의뢰받았으나, 시민들이 평등을 거부했으므로 이를 거절했다.

재화가 아무리 많다 해도 소수의 소유가 되게 마련이며, 그 외의 수많은 사람들은 가난하게 살아야 합니다. 그리고 부(富)는 엉뚱한 방식으로 편중될 것입니다. 그래서 탐욕스럽고 파렴치하며 아무런 쓸모가 없는 부자들과 매일매일 자신보다는 사회에 보다 더 유익한 일을 하는 소박하고 겸손한 가난한 사람들이 생겨날 것입니다.

다시 말해, 사유재산을 완전히 폐지하지 않는다면 당신들은 결코 공정한 재산 분배나 인간다운 삶을 위한 만족스러운 사회조직을 구현할 수 없을 것입니다. 사유재산이 존속하는 한, 인류의 대다수를 차지하는 훌륭한 사람들이 가난과 곤궁과 근심이라는 짐을 짊어진 채 고생할 수밖에 없을 것입니다. 선생과 같은 이들이 그 짐을 덜어줄 수 없다는 것이 아니라, 결코 그 짐을 그들의 어깨에서 내려주지 못한다는 것을 말하는 것입니다.

물론 한 개인이 소유할 수 있는 돈과 토지의 법적 한도를 마련할 수 있습니다. 적절한 입법을 통해 왕과 백성들 간에 힘의 균형을 유지할 수도 있을 것입니다. 공직을 매수하거나 지원하는 것조차 불법으로 만들고, 국가 공무원은 자신의 사유재산을 쓰지 못하도록 —— 그렇게 하지 않으면 그 공무원은 사기나 강압으로 자신의 손실을 메우려 할 것이고, 지혜가 아닌 재산이 공직의 필수 자격이 될 것이기 때문에 —— 규정할 수도 있습니다. 마치 만성 질환을 앓고 있는 환자가 끝없는 투약으로 조금 회복세를 보이는 것처럼, 이런 종류의 법률들은 분명 일정한 증상을 완화시킬 수는 있을 겁니다.

하지만 사유재산이 존속하는 한 완치가 될 것이라는 희망은 전혀 없습니다. 주요 정책의 일부에서 일어난 불협화음을 처리하려 하면, 그 외의 부분들에서는 그 증상이 더욱 악화될 것이기 때문입니다. 어떤 사람에게 약이 되는 것이 다른 사람에게는 독이 됩니다. 피터에게서 강제로 빼앗지 않고서는 폴에게 절대 줄 수 없기 때문입니다.

## 이상적인 나라, 유토피아의 이야기를 시작하다

**모어** | 나는 그렇게 생각하지 않습니다. 나는 공산주의 체제 속에서 선생이 괜찮은 수준의 생활을 영위할 수 있을 것이라고 믿지 않습니다. 아무도 열심히 일하려 하지 않을 것이므로 언제나 궁핍한 생활을 하게 될 것입니다. 이익 창출이라는 동기가 없다면 모두들 게으름을 피우게 되고, 남들이 자신을 대신해 일해주기를 원하게 됩니다. 그리하여 실제로 물자가 부족하게 되면, 불가피하게 살인과 난동이 연속적으로 발생하게 될 것입니다. 자신의 노동으로 얻은 재산을 보호할 법적인 수단이 전혀 없기 때문입니다. 특히 계급이 없는 사회에서는 권위에 대한 존경심이 —— 그런 사회에서는 있을 수조차 없겠지만 —— 없기 때문에 더욱 그럴 것입니다.

**라파엘** | 그런 사회의 모습에 대해 정확한 것은 고사하고 전혀 상상할 수도 없기 때문에 그런 견해를 갖게 되는 것입니다. 하지만 나와 함께 유토피아에 가서 직접 그 나라를 살펴보았다면 그처

럼 훌륭한 제도를 갖춘 나라는 처음 보았노라고 인정했을 것입니다. 나는 그곳에서 5년 이상을 머물렀으며, 그곳을 떠난 이유는 오직 사람들에게 신세계에 대해 알려주고 싶었기 때문이었습니다.

**피터** | 그 신세계가 구세계보다 더 훌륭한 제도를 갖추고 있다는 것을 믿을 수가 없군요. 우리도 그들만큼이나 현명하며, 우리 문화가 그들 문화보다 더 오래된 것이라는 점을 생각해야 합니다. 구세계는 오랜 경험의 성과물들을 통해 이루어졌으며, 따라서 의도해서는 도저히 이룰 수 없었던 몇 가지 우연한 발견들을 포함해서, 삶을 더욱 안락하게 만들어주는 모든 계획들을 설계해왔다고 생각합니다.

**라파엘** | 그 나라의 역사책들을 읽어보았다면 그들의 문명이 얼마나 오래된 것인지 더 확실히 판단할 수 있었을 겁니다. 그 역사책들의 내용이 사실이라면, 구세계에서 인간들의 생활이 시작되기도 전에 신세계에는 이미 도시가 있었다고 합니다. 선생께서 말씀하셨던 지성이나 우연한 발견들에 대해 말씀드리자면, 우리만이 그러한 것들을 독점적으로 갖추고 있다고 생각할 이유가 없습니다. 우리가 그들보다 더 지성적일 수도 있고, 그렇지 못할 수도 있습니다.

하지만 성심껏 열심히 일한다는 면에 있어서는 그들이 우리보다 훨씬 앞서 있다는 것만은 확신할 수 있습니다. 그들의 기록에 의하면 그들은 소위 적도피안인(transequatorial, 적도선 밖의 사람들)들 —— 그들은 우리를 이렇게 부릅니다 —— 이 그곳에 오기 전까지는, 그 어떤 접촉도 없었다고 합니다.

단 한 번의 예외가 있었는데, 그것은 1200여 년 전에 폭풍우를 만나 항로를 벗어난 배가 유토피아의 해안에서 난파되었던 때라고 합니다. 헤엄쳐 해안에 도착한 몇몇 생존자 중에는 로마인과 이집트인이 있었는데, 그들은 모두 그곳에 정착해 죽을 때까지 살았다고 합니다.

자, 이 이야기를 듣게 되면 그들이 주어진 기회를 얼마나 잘 활용하는지 알게 될 겁니다. 그들은 그 생존자들로부터 직접 배우거나, 그들의 말을 실마리로 한 연구를 통해 로마제국에서 사용되고 있는 유용한 기술들을 빠짐없이 배웠습니다. 우리 세계와 단 한 번의 접촉을 통해 모든 것을 배웠던 것입니다.

하지만 그와 비슷한 사고로 유토피아인 한 사람이 이곳에 온다면, 마치 내가 유토피아에 가본 적이 있는 사람이라는 것을 곧 잊어버리듯이, 얼마 되지 않아 그곳을 잊어버리고 말 것입니다.

그들은 우리 일행과 처음 만난 후, 즉시 유럽에서 만들어낸 최고의 사상들을 모두 받아들였습니다. 하지만 우리는 우리의 제도보다 훨씬 훌륭한 그들의 제도를 그처럼 빨리 받아들이지 못할 것이라고 생각합니다. 나는 그들이 우리들보다 더 나은 지성과 천연자원을 가지고 있지 않음에도, 정치적으로나 경제적으로나 훨씬 앞서 있는 원인이 바로 이런 면에 있다고 생각합니다.

**모어** | 그렇다면 라파엘 선생, 제발 그 문제의 섬에 대해 좀더 많은 이야기를 해주십시오. 너무 간략하게 하시지 말고 지리적, 사회

적, 정치적 그리고 법적인 것들을 포함한 모든 면에 대해 상세하게 말씀해주십시오. 우리가 알고 싶어 할 거라고 생각하시는 모든 것들, 그러니까 우리가 모르고 있는 모든 것들에 대해 들려주십시오.

**라파엘** │ 그 이야기를 하는 것보다 더 즐거운 일은 없을 겁니다. 내 기억 속엔 모든 일들이 아주 생생하게 남아 있거든요. 하지만 시간은 꽤 걸릴 테니 양해해주십시오.

**모어** │ 괜찮습니다. 안으로 들어가 점심부터 드시지요. 그러고 나서 오후에 그 이야기를 마음껏 듣기로 하죠.

**라파엘** │ 그렇게 합시다.

그래서 우리는 안으로 들어가 점심 식사를 했다. 식사 후에는 다시 그곳으로 돌아와 같은 벤치에 자리 잡고 앉아 하인에게 아무도 들이지 말라고 일렀다. 그리고 피터 자일즈와 나는 라파엘에게 약속을 지켜달라고 했다. 우리가 진심으로 그 이야기를 듣고 싶어 한다는 것을 알아차린 그는 잠시 생각을 가다듬더니 이야기를 시작했다.

# UTOPIA

제2권

유토피아에 대한 강연

# 제2권

## 초승달 모양의 섬, 유토피아

**라파엘** | 그 섬에서 가장 넓은 중심부의 직경은 약 2백 마일(약 320km) 정도입니다. 섬의 양쪽 끝 방향 외에는 거의 비슷한 폭이지만 양쪽 끝으로 갈수록 둥글게 곡선을 그리며 점점 좁아져 둘레가 5백 마일(약 1,126km) 정도 되는 둥그런 도형을 컴퍼스를 이용해 그려놓은 것과 같습니다. 따라서 그 섬은 초승달 모양을 하고 있고, 양 끝단의 사이로 대략 11마일 넓이의 해협이 육지와 분리시키고 있다고 생각하면 됩니다. 이 해협을 통해 바닷물이 흘러들어와 거대한 호수 —— 둘러싸고 있는 육지가 바람을 막아주어서 물결이 잔잔하기 때문에 이 거대한 바다는 고여 있는 호수처럼 보입니다 —— 로 퍼져나갑니다. 그래서 섬의 안쪽이 실제적인 항만 구실을 하게 되고, 어선을 이용해 어느 곳으로나 건너다닐 수 있어 누구에

게나 편리합니다.

항만 입구에는 암초들과 모래톱이 놀라울 만큼 많이 널려 있습니다. 그 암초들 중에 양쪽 해안의 거의 한가운데 우뚝 솟아 있어 오가는 배들에게 전혀 위험스럽지 않은 것이 있는데, 그 위에 탑을 세워 언제나 경비대를 배치해둡니다.

하지만 그 외의 다른 암초들은 전혀 보이지 않기 때문에 매우 위험합니다. 오직 유토피아인들만이 안전한 뱃길을 알고 있기 때문에, 현지 안내인 없이 외국 배가 항구로 들어간다는 것은 사실상 불가능합니다. 만약 바닷가에 세워놓은 일정한 표식이 없다면, 항구로 진입하는 일은 그곳 주민들에게도 위험한 일이 될 것입니다. 그들은 이 표식들을 약간 이동시키는 것만으로도 아무리 많은 적군의 전함이라도 유인하여 격파시킬 수 있습니다.

물론 그 섬의 다른 곳에도 항구들이 많이 있습니다. 그러나 그곳들 또한 자연적이거나 인공적으로 요새화가 너무나도 잘되어 있어, 어디에서나 아주 적은 인원만으로도 수많은 침략군들이 항구에 상륙하는 것을 쉽게 막아낼 수 있습니다.

하지만 그들도 그렇게 말하고 있고, 누구든 직접 보면 알 수 있듯이, 유토피아는 본래 섬이 아니라 반도였습니다. 그런데 유토포스라는 인물이 이곳을 정복하여 —— 유토피아는 그의 이름에서 유래한 것이고, 그 전에는 아브락사[1]라고 불렀습니다 —— 야만의

---

1 아브락사(Abraxa)는 부정을 뜻하는 접두사 'a'와 짧은 바지를 뜻하는 'brakae'의 복합어

상태에 머물러 있던 무지한 사람들을 지금과 같은, 어쩌면 세상에서 가장 문명화되었다고 할 수 있는 사람들로 바꾸어놓았습니다.

그는 이곳을 정복하여 지배하게 되자 즉시 대륙과 연결된 곳에 15마일 넓이의 지협(地峽)을 파게 해서 바닷물이 유토피아의 사면을 둘러싸도록 했습니다. 이 공사를 전적으로 원주민들에게만 맡겼을 경우, 원성이 생길 것이라고 생각한 그는 자신의 군대도 모두 투입시켰습니다. 그가 어마어마한 노동력을 동원하여 믿을 수 없을 만큼 빨리 공사를 마무리했기 때문에, 처음에 그의 계획을 조롱했던 대륙 사람들은 경악하였고 공포심마저 느끼게 되었습니다.

## 2년간의 농촌 생활은 시민의 의무

이 섬에는 동일한 언어와 법률, 관습, 제도를 갖춘 54개[2]의 대도시가 있습니다. 모든 도시들은 동일한 계획에 의해, 지형적인 문제가 없는 한 최대한 똑같은 모습을 가지도록 건설되었습니다. 도시 간의 최단거리는 24마일(약 38km)이며, 아무리 멀어도 걸어서 하루면 도착할 수 있습니다.

각 도시는 경험이 풍부한 연장자 중 세 사람을 아마우로툼[3]에서

---

로, '옷을 입지 않은 사람들'이라는 뜻으로 해석되기도 하고, 최고신을 뜻하는 'Abraxas'와 관련 있는 말로 생각하는 사람도 있으나, 정확히 밝혀진 바는 없다.

2 54개의 도시는 당시 영국의 주 숫자와 일치한다.

3 아마우로툼(Amaurotum)은 몽롱한, 희미한이란 뜻의 'amauros'에서 나온 것으로, 꿈의

열리는 연례회의에 파견하여 섬에 관련된 일반적인 문제들을 토의하도록 했습니다. 섬의 중앙에 위치해 있어 각 지역에서 모이기 쉬운 아마우로툼을 수도로 간주합니다. 각 도시는 적어도 사방 20마일은 될 수 있도록 토지를 분배했으며, 한쪽 방향만큼은 더 넓게 분배하여 그 길이가 도시 간의 최장거리가 되도록 했습니다. 토지를 재산으로 여기지 않고 경작해야 할 땅이라고 생각하기 때문에 영토를 더 넓히고 싶어 하는 도시는 전혀 없습니다.

도시 외곽 어디에나 일정한 간격으로 농사를 지을 도구들이 갖추어진 농가가 있어 도시의 주민들은 순서대로 그곳에 가서 생활합니다. 각 농가는 적어도 40명의 성인들을 수용할 수 있고, 두 명의 노예가 고정적으로 배치되어 있으며, 믿음직스러운 노부부에 의해 운영됩니다. 그리고 이러한 농가들은 30채 단위로 지방 담당관인 필라르쿠스[4]의 감독하에 운영됩니다.

해마다 2년 동안의 농가 생활을 마친 20명이 도시로 돌아가고, 20명의 새로운 인원이 이곳으로 옵니다. 새로 온 사람들은 이곳에서 이미 1년간 생활해서 농사에 대해 보다 더 많이 알고 있는 사람들로부터 일을 배웁니다. 12개월 후에는 이 훈련생들이 교사가 되는 것이지요. 이 제도는 만일 농업에 종사하는 사람들이 모두 경험이 없을 경우 일어날 수도 있는 식량 부족의 위험을 감소시킵니다.

일반적으로 농사에 종사하는 기간은 2년이며, 그 이상 고된 생활을 강요받는 사람은 없습니다. 그렇지만 시골 생활을 좋아하는 사람들은 —— 사실 이런 사람들이 많습니다 —— 특별히 허가를 얻어 체류 기간을 연장할 수 있습니다. 농부들에겐 농토를 경작하고 가축을 기르고 나무를 베고, 그것을 해상이나 육로 중 편리한 방법을 이용해 도시로 운송해야 할 책임이 있습니다.

그들은 아주 특별한 방법을 활용해 엄청나게 많은 닭을 기릅니다. 암탉이 알을 품게 하지 않고, 그들이 직접 알에 일정한 온도를 가해 한꺼번에 수십 개의 알을 부화시키는 것입니다. 그래서 껍질을 까고 나온 병아리들은 사육자를 제 어미인 줄 알고 어디든 따라다닌다고 합니다!

말은 승마 연습할 때만 사용하기 때문에 실제로 집에서 키우는 경우는 거의 없습니다. 밭갈이를 하거나 짐마차를 끄는 건 소입니다. 유토피아인들은 물론 소가 말처럼 빨리 달리지는 못하지만 훨씬 튼튼하고 병에도 거의 걸리지 않는다고 말합니다. 게다가 소는 기르기도 어렵지 않고 사료 비용도 적게 들며, 일을 못하게 된다 해도 식용으로 활용할 수 있습니다.

맥주는 전혀 마시지 않고 포도주, 사과술, 배술 또는 물을 마시기 때문에 —— 맹물만 마시는 경우도 있지만 보통은 풍부하게 얻을 수 있는 꿀과 감초를 섞어 마십니다 —— 밀은 오직 빵을 만드는 데만 사용합니다. 각 도시의 관청들은 도시 전체의 연간 식량소비량을 아주 정확하게 산출해내지만, 언제나 필요한 양 이상의 밀을 생산하고 가축을 기르기 때문에 이웃 나라에 나누어 줄 만큼 여유가 있습니다.

시골에서 구할 수 없는 필수품들은 도시에서 구해옵니다. 매달 한 번씩 휴일이 있고, 이때 대부분의 사람들이 도시에 다녀오기 때문입니다. 부족한 물품은 공무원에게 요청만 하면 아무런 비용을 지불하지 않고 직접 받을 수 있습니다.

지방 담당관들은 수확기 직전에 도시의 관청에 어느 정도의 노동력이 더 필요한지를 알려줍니다. 그러면 지정된 날에 정확히 요구한 만큼의 수확 작업 인력이 도착하고, 날씨만 좋다면 24시간 이내에 작업을 마칩니다.


## 똑같은 모양으로 설계된 계획 도시들

무엇보다 도시에 대해 좀더 자세히 말씀드리고 싶군요. 유토피아의 도시들은 한 군데만 보면 전부 다 본 것이나 마찬가지입니다. 각 도시는 지형적인 조건이 허락하는 한 거의 똑같도록 형성되었기 때문입니다. 그러므로 한 도시에 대해서만 설명해드리기로 하겠습니다. 어떤 도시를 설명할 것인가는 전혀 문제가 되지 않습니다. 하지만 아마우로툼을 설명하는 것이 가장 좋을 것 같군요. 의회가 이곳에서 열린다는 사실은 바로 이 도시가 특별히 중요하다는 뜻일 것이며, 또 5년 동안 그곳에서 직접 생활했으므로 잘 알기도 하기 때문입니다.

아마우로툼은 경사가 완만한 언덕의 중턱에 건설되었으며, 거의 정방형의 모양을 하고 있습니다. 도시는 산꼭대기 바로 아래에서부터 2마일 정도 떨어져 있는 아니드루스[5] 강까지 펼쳐져 있으며, 강둑을 따라 2마일이 조금 넘는 곳까지 뻗어 있습니다.

아니드루스 강의 발원지는 내륙으로 80마일 정도 떨어진 곳에 있는 조그마한 샘이지만, 몇 개의 지류와 —— 그중 둘은 아주 커다란 하천입니다 —— 합류하면서 아마우로툼에 이를 즈음에는 50야드(약 45m) 이상의 폭을 가진 강이 됩니다. 그리고 60마일 정도쯤 떨어져 있는 바다에 다다를 때까지 점점 더 그 폭이 넓어집니다.

강에서 도시에 이르는 지점부터 몇 마일 더 떨어진 곳에서는 강한 조수가 일어나며, 여섯 시간마다 그 방향이 바뀝니다. 만조 때에는 바닷물이 내륙의 30마일 지점까지 밀어닥쳐 강바닥을 가득 채워 강물을 역류시킵니다. 그 결과 상류의 강물까지 약간의 소금기를 띠게 되지만, 소금기가 점점 엷어져 아마우로툼을 지나쳐 흐를 무렵이면 무척 맑은 물이 됩니다. 간조 때가 되면 강물이 바닷물을 밀어내게 되어, 해안에 이를 때까지 줄곧 맑고 깨끗한 물이 흐릅니다.

이 도시는 강을 가로질러 놓인 화려한 아치형의 다리를 통해 맞은편 강둑과 연결되어 있으며, 다리는 목재가 아닌 돌로 만들었습

---

5  아니드루스(Anydrus)는 부정의 접두사 'a'와 물을 뜻하는 'hudor'의 복합어로 '물이 없는 강'이라는 뜻이다. 아마우로툼이 런던을 모델로 한 것이므로 아니드루스는 템스 강에 해당한다.

**가장 이상적인 도시**
르네상스 시대의 그림으로, 모어가 설명하고 있는 유토피아의
계획 도시 모습을 엿볼 수 있다.

니다. 도시의 어느 곳이거나 방해를 받지 않고 배들이 드나들 수 있도록 내륙의 가장 안쪽에 다리를 놓았습니다.

이곳에는 강이 하나 더 있는데, 그리 크지는 않지만 무척이나 잔잔하고 평화롭게 흐릅니다. 아마우로툼이 건설되어 있는 언덕에서 발원한 이 강은 도시의 한가운데를 흘러내려 아니드루스 강과 합류합니다. 발원지는 도시의 외곽이긴 하지만 도시의 성벽 안쪽에 있기 때문에 침략을 받았을 때 적군이 수로를 끊어버리거나 물줄기를 돌리거나 독약을 풀 수 없습니다. 강물은 발원지에서부터 벽돌로 만든 파이프 모양의 장치를 통해 도시의 낮은 지역으로 흘러갑니다. 이러한 방법으로 물을 공급할 수 없는 곳에서는 큼직한 저수지를 파 빗물을 모으며 이 저수지도 역시 아무런 불편 없이 활용됩니다.

도시는 두툼하고 높다란 성벽으로 둘러싸여 있으며, 성벽 위에는 망대나 보루가 줄지어 서 있습니다. 성벽의 삼면에는 물은 없지만 매우 넓고 깊으며 가로지르기 힘든 빽빽한 가시덤불로 해자를 만들어두었습니다.

성벽의 다른 한 면은 강이 해자 역할을 합니다. 도심지는 원활한 교통과 바람을 잘 막을 수 있도록 아주 잘 설계되어 있습니다. 테라스의 형태를 갖춘 건물들이 거리 끝까지 서로 마주보며 늘어서 있는 모습은 무척이나 인상적입니다.

마주보고 있는 집들의 앞쪽에는 20피트 정도의 마찻길이 가로질러 나 있습니다.[6] 집들의 후면에는 커다란 정원이 그 시가지가 끝나는 곳까지 뻗어 있으며, 다른 시가지 집들의 후면에 의해 완벽하게 둘러싸여 있습니다. 집집마다 거리로 나갈 수 있는 앞문과 정원으로 통하는 뒷문이 있습니다. 문들은 모두 양쪽으로 자유자재로 열리는 스윙 도어이며, 살짝 밀면 열리고 나간 다음에는 자동으로 닫힙니다. 따라서 누구나 마음대로 드나들 수 있습니다. 사유재산이 전혀 없기 때문입니다. 집은 추첨을 통해 분배되며 10년마다 바꿉니다.

그곳 사람들은 포도나무와 같은 과실수와 풀과 꽃을 가꿀 수 있는 정원을 무척 좋아합니다. 사람들은 정원을 놀라우리만큼 멋지게 가꿉니다. 나는 그 아름다움과 풍요로움을 능가할 만한 것을 본 적이 없습니다. 아마우로툼의 시민들은 열성적인 정원사들입니다.

정원 가꾸기를 즐기기 때문이기도 하지만 각 시가지 사이에 아름다운 정원을 가꾸려는 경쟁심이 있기 때문이기도 합니다. 그 사회에 즐거움과 이익을 가져다준다는 점에서 정원 가꾸기만큼 의도한 이상의 효과를 제대로 거둔 일은 없을 것입니다.

나는 정원 가꾸기가 이곳을 건설한 사람이 각별한 관심을 기울였던 것 중 하나가 틀림없다고 생각합니다.

이곳을 건설한 사람이란 유토포스를 말하는데, 그가 처음부터

---

6  당시 런던의 도로는 10~12피트(3m~12m) 정도의 넓이였다. 모어는 앤트워프 등의 거리가 런던보다 넓고 청결한 것을 보고 유토피아에 적용시켰을 것이다.

시가지의 모든 설계를 도맡아 했다고 합니다. 하지만 그는 도시를 아름답게 가꾸고 마무리하는 일이, 어느 한 세대 내에 완성될 수 없다는 것을 알고 있었기 때문에 후손들에게 남겨준 것입니다.

정복 이후 1760년 동안 매우 꼼꼼하게 작성한 그들의 역사 기록에 의하면, 초기의 집들은 쉽게 구할 수 있는 목재로 급하게 지은 조그마한 오두막이었습니다.

벽은 진흙으로 바르고 지붕은 용마루를 만들고 짚으로 덮었습니다. 하지만 지금은 모두 우뚝 솟은 3층 건물들입니다. 벽은 석영 같은 단단한 돌을 덧붙이거나 벽돌을 사용했으며 그 사이에는 거칠게 회칠을 해두었습니다.

지붕은 평평하게 만들고 값은 아주 싸지만 특수한 반죽으로 덮어두었는데, 이것은 악천후에 납으로 만든 판보다 더 잘 견디며 불에 견디는 내화력도 아주 좋습니다.

창에는 주로 유리를 끼워[7] 외풍을 막지만 —— 이곳 사람들은 유리를 무척이나 많이 사용합니다 —— 깨끗한 기름이나 수지를 덧칠한 얇은 린넨 천도 사용하는데, 이것은 바람을 좀더 잘 막아주면서도 빛은 더 잘 통합니다.

---

7  모어가 『유토피아』를 쓸 당시는 유리가 유럽 해안 지역에는 보급되어 있었지만, 영국 일반 가정에서는 사용하지 못했다.

## 회의와 토론을 통해 결정되는 행정 제도

이젠 그들의 지방행정 조직에 대해 말씀드리겠습니다. 30세대를 한 단위로 나누어 관리하면서 매해마다 시포그란투스[8]라 불리는 공무원을 선출합니다. 시포그란투스는 고대 유토피아 시대에 사용하던 명칭으로 현재의 필라르쿠스입니다. 열 명의 시포그란투스와 그들이 담당하는 세대는 트라니보루스[9] 혹은 프로토필라르쿠스[10]라고 불리는 공무원이 맡아 관리합니다.

도시마다 2백 명의 시포그란투스가 있으며, 그들이 시장을 선출합니다. 그들은 가장 적합하다고 생각하는 사람에게 투표할 것을 엄숙히 서약한 후 비밀 투표로 시장을 선출합니다. 시장은 모든 유권자들에 의해 추천된 4명의 후보자 중에서 선출해야 합니다. 네 개의 구역에서 각각의 후보자를 선출하여 트라니보루스 회의에 통보하게 되어 있기 때문입니다. 시장은 독재적인 권력을 행사하려 한다는 혐의를 받지 않는 한, 평생 관직에 머무르게 됩니다. 트라니보루스는 해마다 선출되지만 대개는 교체되지 않습니다. 대부분의 도시 공무원들은 1년 동안만 공직 생활을 합니다.

트라니보루스는 3일에 한 번, 필요할 경우엔 조금 더 자주 시장

---

8  시포그란투스(Syphograntus)는 어원을 밝히기가 쉽지 않다. 다만 집사를 뜻하는 영어 단어 'steward'와 연관이 있는 것으로 보인다. 이 단어는 때로 styward로 쓰이기도 한다.

9  트라니보루스(Traniborus)는 벤치를 뜻하는 'thranos'와 음식을 뜻하는 'bora'의 복합어로 보인다. 이것은 모어의 할아버지와 아버지가 서기장으로 일했고 자신도 강사로 일한 바 있는 린칸학원이 벤치에 앉아서 공동식사를 했는데, 이를 모방한 것이라 추측된다.

10  프로토필라르쿠스(Protophilarchus)는 첫번째 족장, 즉 대족장을 뜻한다.

과 만나 공공의 문제를 논의하며, 아주 드문 경우이지만, 개인 간의 분쟁을 신속하게 해결합니다. 그들은 언제나 두 명의 시포그란투스를 회의에 초대하여 참석시키는데, 매번 다른 사람들이어야 하며, 일반 대중들에게 영향을 끼치는 문제에 대해서는 무조건 3일 동안 토론을 거친 다음 최종적인 결정을 내려야 한다는 규칙이 있습니다. 이러한 문제들을 트라니보루스 회의 외의 장소에서 논의하게 되면 사형에 이를 수 있는 중죄가 됩니다. 그렇게 함으로써 시장이나 트라니보루스들이 시민들의 뜻을 거스르거나 체제를 변화시키려는 음모를 꾸미지 못하게 하는 것입니다.

똑같은 이유로 중요한 문제들은 모두 시포그란투스 총회에 회부되며, 시포그란투스는 자신이 담당하고 있는 전체 세대에 문제를 설명하고 토의를 거친 후에 수렴된 의견을 트라니보루스 회의에 전달합니다. 때로는 의회에 회부되는 문제들도 있습니다.

또한 안건이 처음으로 제출되는 날에는 그것에 대해 논의해서는 안 된다는 규칙도 있습니다. 모든 논의는 정해진 다음 회의 때까지 미루도록 합니다. 그렇게 하지 않으면 즉흥적으로 자신의 생각을 말하는 사람이 생기기 쉽고, 그로 인해 전체 사회를 위해 최선의 결정을 내리려고 노력하는 대신 자신의 의견을 정당화하려는 데 힘을 기울이게 됩니다. 이러한 성향을 지닌 사람들은 —— 터무니없게 들릴 수도 있겠지만 —— 애초에 자신의 생각이 잘못된 것일 수도 있다고 인정하는 것을 수치스럽게 여겨, 나중에 더욱 심사숙고하여 의견을 말해야 할 때, 자신의 명예를 지키기 위해 공공의 이익을 희생시키려 할 것입니다.

## 모두 함께 일하고 모두 같은 옷을 입는다

이번에는 그들의 노동 조건에 대해 말씀드리도록 하지요. 그곳에서는 남자든 여자든 시민이라면 누구나 농사일을 해야 합니다. 농사는 어린이들이 꼭 배워야 하는 필수적인 과목이기도 합니다. 어린이들은 학교에서 농업의 원리들을 배우며 정기적으로 도시에서 가까운 농경지를 방문해 실습을 합니다. 그곳에서 농사짓는 법을 보고 배울 뿐만 아니라 직접 일을 해보기도 합니다.

이미 말했듯이, 농사는 모든 사람들의 직업이고, 그 외에 각 개인별로 특별한 기술을 배웁니다. 양모나 아마 직조 기술을 배우거나 석공, 철공, 또는 목공이 될 수도 있습니다. 지금 말한 것들은 상당한 노력을 기울여야만 하는 기술들입니다.

이 섬에서는 성별과 결혼 여부에 따라 약간씩 차이는 있지만 누구나 같은 종류의 옷을 입기 때문에 재단사나 양재사가 없으며 옷의 모양은 바뀌는 법이 없습니다. 그들의 옷은 매우 편안하여 팔다리를 자유롭게 움직일 수 있을 뿐만 아니라 더위나 추위에 관계없이 입을 수 있습니다. 더욱 대단한 점은 그 옷들을 모두 집에서 만들어 입는다는 것입니다. 그래서 앞에 언급했던 기술 중 한 가지를 배웁니다. 남녀의 구별은 없지만 여성은 직조와 같은 상대적으로 쉬운 일을 배우고, 남자는 보다 힘든 일을 합니다.

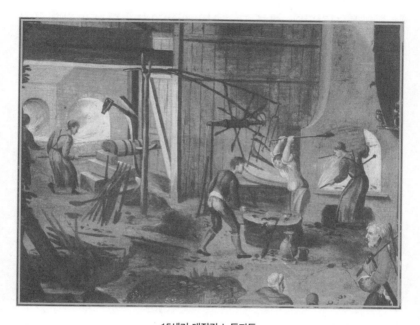

**15세기 대장간 노동자들**

이 시대의 노동자들은 농민들과 마찬가지로 격무와 과로에 시달렸으며 휴식 시간이 거의 없었다.

어린이들은 대부분 부모가 하는 일을 배우며 자랍니다. 부모가 하는 일에 자연스럽게 익숙해지기 때문입니다. 그러나 만약 어떤 자녀가 다른 기술을 배우고 싶어 한다면, 그 기술에 종사하는 가정에 입양을 시킵니다. 물론 그 아이의 아버지뿐만 아니라 지방 행정 담당관이 그 아이를 양육할 사람이 점잖고 존경할 만한 인물인가를 꼼꼼히 검증합니다.

어떤 한 가지 기술을 제대로 익힌 후에 자신이 원한다면 또 다른 기술을 배울 수 있는 허가를 받을 수 있습니다. 그 두 가지 기술에 능숙해졌을 때, 포기한 다른 기술이 사회를 위해 보다 더 필요한 경우를 제외하고는, 자신의 뜻에 따라 어느 한 분야를 정해 일할 수 있습니다.

시포그란투스의 주된 업무는 —— 실질적으로 그들의 유일한 업무이기도 하지만 —— 아무 일도 하지 않고 빈둥거리는 사람 없이 모두 자신의 직업에 몰두하도록 감독하는 것입니다. 하지만 아침 일찍부터 밤늦게까지 짐마차를 끄는 말처럼 고된 일을 시켜서 시민들을 지치게 하지는 않습니다. 그런 것은 노예 상태입니다. 그런데 유토피아 외의 거의 모든 나라 노동자 계급이 바로 그러한 생활을 하고 있습니다.

유토피아에서는 하루 여섯 시간만 일합니다. 오전에 세 시간 일하고 난 후 점심을 먹고 두 시간 휴식을 취한 다음, 오후에 세 시간 일하고 저녁을 먹습니다. 그들은 저녁 여덟 시에 잠자리에 들어 여덟 시간 동안 수면을 취합니다. 그 외의 시간들은 게으름을 피우거나 제멋대로 허비하지 않고 건전한 활동을 한다면, 자기가 하고 싶은 대로 자유롭게 보낼 수 있습니다.

대부분의 사람들은 여가 시간을 더 많은 교육을 받는 데 활용합니다. 매일 아침 일찍 공개강좌가 열리기 때문입니다. 학술 연구를 위해 선발된 사람들 외에는 강좌에 참석하는 것이 자발적이지만, 모든 계급의 남녀들이 강좌를 듣기 위해 몰려듭니다. 모두들 자신들이 듣고 싶은 강좌를 찾아 듣는다는 뜻입니다. 하지만 자신이 원한다면 이 여가 시간을 자신의 본업에 사용하는 것을 막지는 않습니다. 지적인 활동에 재능이 없다고 생각하는 많은 사람들이 그렇게 하고 있으며, 그들의 행동은 사회를 위한 봉사로 칭송받고 있습니다.

저녁 식사를 마친 후 그들은 계절에 따라 정원이나 공동식당에 모여 한 시간가량 오락 시간을 가집니다. 음악을 즐기는 사람도 있고, 그저 이야기를 즐기기도 합니다. 주사위 놀음 같은 어리석고 퇴폐적인 놀이는 들어본 적도 없지만, 체스와 흡사한 놀이는 두 가지 있습니다. 한 가지는 일종의 산수 경기로, 일정한 수로 상대방의 수를 빼앗는 것입니다. 또 한 가지 놀이는 정정당당하게 선과 악이 싸우는 놀이로, 악한 것들은 언제나 서로 다투지만 선에 대항할 때는 힘을 뭉친다는 것을 매우 선명하게 보여줍니다. 또한 어떠한 악이 어떠한 선과 대립되며, 악이 직접 공격해올 때 어느 정도의 힘을 발휘하는지, 그때 사용하는 간접적 책략은 무엇인지, 그러한 악을 극복하는 데 선에게는 어떤 도움이 필요한지, 악의 공격을 격퇴시키는 최선의 방법은 무엇인지, 그리고 선이나 악의 승리를 궁극적으로 결정짓는 것이 무엇인지 하는 것들을 보여줍니다.

## 실업도 과로도 없는 효율적 노동 관리

그런데 여기에서 특별한 주의가 필요한 것이 있습니다. 그렇지 않으면 오해하기 쉽거든요. 즉 하루 여섯 시간만 일하기 때문에 분명 필수적인 물자들이 부족할 거라고 생각할지도 모른다는 점입니다. 사실은 그 반대입니다. 노동 시간은 여섯 시간만으로도 충분하며, 오히려 안락한 생활에 필요한 모든 물자들을 초과 생산하기까지 합니다. 다른 나라들에서는 얼마나 많은 사람들이 일을 하지 못하는 실직 상태에 있는가를 곰곰이 생각해보면 그 이유를 이해할 수 있을 것입니다.

무엇보다 다른 나라들에서는 실제로 거의 50퍼센트를 차지하는 여성들이 일을 하지 못하고 있습니다. 그리고 여성들이 일을 하는 나라에서는 남자들이 빈둥거리는 경향이 있습니다. 또한 목회자와 같은 이른바 종교적인 소명에 종사하는 사람들이 있습니다. 그들은 어느 정도의 일을 하고 있을까요?

게다가 모든 부자들, 특히 일반적으로 귀족이나 신사라고 불리는 모든 지주들 그리고 —— 제가 앞서 말했던, 무장한 악당 집단인 —— 그들의 가신들이 있습니다. 마지막으로 무척 건장하고 아무런 병도 없으면서, 게으름을 피우는 구실로 병이 든 것처럼 가장

하고 있는 거지들이 있습니다.

이러한 자들을 모두 헤아려보면, 인류가 소비하는 물자를 실제로 생산해내는 사람들이 너무나도 적다는 것에 놀라지 않을 수 없을 것입니다. 이토록 적은 노동 인구 중에서도 꼭 필요한 일을 하는 사람들은 또 얼마나 적은지 생각해보십시오. 돈만이 유일한 가치 기준인 곳에서는 사치나 오락에 필요한 물품을 공급하기 위해 불필요한 직업들이 많을 수밖에 없습니다.

하지만 그렇다고 해서 현재의 노동력을 생활을 안락하게 만드는데 꼭 필요한 몇 가지 직업에 집중시킨다면, 과잉 생산으로 가격이 폭락하게 되어 노동자들은 생활비조차 벌지 못하게 될 것입니다. 그 반면에 그다지 중요하지 않은 직업에 종사하는 인력과 너무 게을러 일하지 않는 인력들 —— 이들은 타인의 노동으로 생산된 것을 두 배나 더 소비하고 있습니다 —— 을 모두 의미 있는 일에 투입한다면 적은 노동 시간만으로도 생활필수품과 안락한 생활을 위한 물품들을 넉넉하게 공급할 수 있다는 걸 알 수 있을 것입니다. 게다가 진정으로 자연스러운 오락의 기쁨도 덤으로 얻을 수 있을 것입니다.

유토피아의 경우가 이런 것을 증명하고 있습니다. 그곳의 도시나 도시 주변의 농촌에서 거주하는 건강한 남녀 중에서 평상적인 노동을 면제받은 사람은 최대 5백 명 정도입니다. 그중에는 시포그란투스들도 포함되는데, 그들은 비록 법적으로는 면제를 받았지만 모범을 보이기 위해 스스로 노동에 참여하고 있습니다. 그리고 오직 학문에만 전념하기 위해 다른 모든 것을 면제받은 사람들도 있습니다.

이러한 특권은 오직 성직자의 추천과 시포그란투스들의 비밀 투표로 승인을 받아야만 허용됩니다. 하지만 이러한 학생들도 그 성과가 기대치에 미치지 못하면 노동 계급으로 되돌아가야 합니다. 이와 반대로, 육체 노동자가 여가 시간을 이용하여 훌륭한 학문적 진전을 보이면 자신이 해야 할 노동을 면제받고 학자 계급으로 승격되는 경우도 있습니다.

외교관과 성직자, 트라니보루스 그리고 시장 역시 이 학자 계급에서 배출됩니다. 그런데 아주 오래전에는 시장을 바르자네스[11]라고 불렀지만 요즈음은 보통 아데무스[12]라고 통칭합니다.

시민들 중에 직업이 없거나, 비생산적인 일에 종사하는 사람이 거의 없으므로 짧은 시간 내에 얼마나 훌륭한 물품을 생산해낼 수 있는지 쉽게 추측하실 수 있을 겁니다. 또한 그들은 우리들에 비해 노력을 적게 들이면서도 꼭 필요한 일만 하기 때문에 노동과 관련된 문제들이 줄어듭니다.

---

**11** 바르자네스(Barzanes)는 히브리어로 누구의 아들이란 뜻의 'bar'와 '제우스(Zanos)'의 합성어로, 제우스의 아들이란 뜻이거나, 페르시아 문학작품 『메니푸스』에 나오는 미트로바르자네스에서 유래한 것으로 추측할 수 있다. 모어는 이 작품을 라틴어로 번역했으며, 여기서 미트로바르자네스는 현명하고 학식이 풍부한 노인의 모습으로 형상화되어 있다.

**12** 아데무스(Ademus)는 부정을 나타내는 접두사 'a'와 사람들을 뜻하는 'demos'의 복합어로, '다스릴 사람이 없는 자'라는 뜻이다. 즉 시장은 시민들을 다스리는 자가 아니라 제도를 관리하는 사람이라는 것을 간접적으로 보여준다.

## 집과 옷 때문에 노동력을 낭비하지 않는다

예를 들어, 일반적으로 집을 짓는 일에 그토록 많은 노동력이 동원되는 이유는 선조들로부터 물려받은 집을 선견지명 없는 후손들이 헐어버리기 때문입니다. 그래서 후손들은 물려받은 집을 유지하는 비용보다 훨씬 더 막대한 비용이 드는 새 집을 짓습니다. 사실 이런 일들은 아주 흔히 일어나고 있습니다. 즉 A가 매우 호화스러운 집을 지었지만 B의 괴팍한 취미를 만족시키지 못합니다. 그래서 B는 이 집을 되는 대로 방치하여 폐허가 되게 하고, 그 자신은 다른 곳에 그와 비슷한 정도의 비싼 집을 짓는 것입니다.

하지만 유토피아에서는 모든 일들이 국가의 관리하에 있기 때문에 새로운 대지에 집을 짓는 일은 드물며, 또한 필요하다면 즉시 수리를 할 뿐만 아니라 미리미리 보수를 해둡니다. 집의 수명을 최소의 노동력으로 최대한 연장하는 것입니다. 그로 인해 건축 기술자들이 실질적으로 할 일이 없을 때도 있습니다. 그런 경우 그들은 집에서 목재를 자르거나 석재를 다듬는 작업을 미리 해두어 그것들이 필요할 때 신속하게 일할 수 있도록 준비합니다.

이제부터는 옷을 만드는 데 필요한 노동력을 얼마나 절약하고 있는지 말씀드리도록 하지요. 그들의 작업복은 헐렁한 가죽옷인데 최소한 7년은 입을 수 있습니다. 외출할 때는 작업복 위에 똑같은 색깔의 천연 모직물로 만든 망토 같은 것을 걸칩니다. 그래서 그들의 모직물 소비량은 세계에서 가장 적으며, 생산 비용은 가장 낮습니다. 린넨은 생산하기가 한결 쉽기 때문에 더 많이 사용합니다.

린넨이 하얗고, 모직이 깨끗하기만 하다면 그곳 사람들은 실이 매끈하거나 거칠거나 가리지 않습니다. 그런데 다른 나라 사람들은 대여섯 벌의 코트와 비단 셔츠를 가지고 있으면서도 전혀 만족하지 못하며, 게다가 멋을 부리려는 사람들은 열 벌 이상의 옷을 가지려 합니다. 반면 유토피아 사람들은 2년에 한 벌이면 만족합니다. 그들은 왜 더 많은 옷을 원치 않을까요? 옷이 많다고 해서 더 따뜻한 것도 아니고, 더 멋있게 보이지도 않기 때문입니다.

모든 사람들이 가치 있는 일에 종사하고, 또 일 자체를 최소화하면서도 모든 물자를 넉넉히 저장해놓기 때문에, 그곳 사람들은 상태가 나빠진 도로를 복구하기 위해 수시로 엄청난 노동력을 동원할 수도 있습니다. 그리고 특별히 해야 할 작업이 없을 때에는 당국에서 노동 시간을 단축하라고 지시하는 경우도 자주 있습니다.

당국에서는 시민들에게 불필요한 노동을 강요하지 않습니다. 그들이 운영하는 경제체제의 주된 목표는 전체 사회에 필요한 것들이 충족된다면, 각 개인들이 육체적인 노역에서 벗어나 가능한 한 최대한의 자유 시간을 갖고 각자의 정신을 고양시키는 데 있기 때문입니다. 바로 이러한 것이 행복한 삶의 비결이라고 여기고 있는 것입니다.

## 식민지 건설과 인구의 조절
이쯤 해서 그들의 사회조직에 대해 설명해드리는 것이 좋겠군요. 그들의 사회가 어떻게 조직되어 있으며, 조직 상호간에는 어떻게 관계를 맺고 있는지, 또 생산된 물품은 어떻게 분배되는지 하는 것들에 대해 말씀드리겠습니다.

최소의 사회 단위는 실질적으로 가족과 동의어인 가정입니다. 여성은 성장하여 결혼을 하게 되면 남편의 가정에서 함께 살게 되지만, 남자들은 남자 인척 중 최고 연장자의 보호를 받으며 자신의 집에 머무릅니다. 최고 연장자가 너무 노쇠하여 노망이 든 경우에는 다음 연장자가 그 역할을 대신합니다.

각 도시는 농촌에 있는 가구를 제외하고 모두 6천 세대로 이루어져 있습니다. 인구를 일정한 수준으로 유지하기 위해 한 가구에 16명 이상의 성인이 있어서는 안 된다는 법이 있습니다. 어린이는 정확히 한정할 수가 없으므로 숫자에서 제외됩니다. 성인의 수가 넘치는 경우엔 모자라는 가정으로 옮기도록 하여 이 법을 준수하고 있습니다.

어느 한 도시의 인구가 넘쳐나게 되면, 상대적으로 인구가 적은 도시로 초과된 인구를 이주시킵니다. 섬 전체의 인구가 초과될 경우, 각 도시에 지시를 내려 일정한 수의 시민들에게 가장 가까운 내륙의 한 장소에 식민지를 건설하도록 합니다. 내륙에는 그곳의 원주민들이 개발하지 않은 지역이 광대하게 남아 있습니다.

그렇게 만든 식민지들은 유토피아인들이 통치하지만, 원한다면 원주민들도 함께 생활할 수 있습니다. 그럴 경우, 원주민들과 식민지 개척자들은 빠른 시간 내에 단일한 생활방식을 영위하는 단일

사회를 형성하게 되어 양측 모두에게 엄청난 이익이 됩니다. 유토피아인들의 관리방식을 적용하면 어느 한 집단에게 필요한 물품도 생산하지 못할 것이라 생각했던 땅에서 두 집단의 사람들이 쓰고도 남을 만큼 풍부하게 생산되기 때문입니다.

원주민들이 유토피아인들의 방식에 따르지 않을 경우, 병합한 지역 밖으로 축출합니다. 만약 저항하려 한다면 전쟁을 선포합니다. 유토피아인들은 원래 소유자들이 스스로 토지를 활용하지 않고 무용한 재산으로 소유만 하고 있으면서 생산품을 얻어내려는 나라의 자연권을 거부하는 경우, 전쟁을 선포하는 것은 지극히 정당한 일이라고 생각하기 때문입니다.

한 도시의 인구가 급격히 줄어들어 다른 도시에서 주민을 이주시켰는데도 규정된 최소한의 인구 수를 채우지 못할 경우 —— 극심한 전염병으로 인해 지금까지 두 번 그런 경우를 겪었다고 합니다 —— 유토피아의 한 지역을 취약하게 만드는 것보다 식민지를 포기하는 것이 낫다는 원칙에 따라, 식민지에 거주하는 주민들을 불러들여 부족한 인구를 채웁니다.


### 식료품의 분배와 의료 시설

그들의 사회조직에 관한 이야기를 조금 더 하겠습니다. 앞서 말했듯이, 각각의 가정들은 가장 나이 많은 남자의 보호를 받습니다. 아내는 남편을 섬겨야 하며 자식은 어버이를, 나이 어린 사람은 연장자를 섬겨야 합니다. 도시들은 모두 넓이가 똑같은 4개의 구역으로 구분되어 있으며 각 구마다 중심지에는 시장이 있습니다. 각 가정에서 생산되는 물품들은 시장의 창고에 모아서 보관하며, 다양한 상점의 종류에 맞추어 나누어줍니다.

한 집안의 가장은 자신이나 가족에게 필요한 물품이 있을 경우 해당 물품이 있는 상점으로 가서 요청만 하면 됩니다. 요청한 것이 무엇이든 그는 돈이나 물품 등으로 값을 치르지 않고 가져올 수 있습니다. 그렇게 하지 못할 이유가 전혀 없지 않겠습니까? 모든 물품이 풍족하기 때문에 필요 이상으로 요구해 가져갈 우려가 없습니다. 어떤 물품이든 절대 모자랄 염려가 없다는 것을 알고 있는데, 필요 이상의 물품을 쌓아두려고 할 사람이 있겠습니까? 결핍의 공포가 없는데 탐욕을 부리는 동물은 없습니다.

그러나 인간은 허영심 때문에 탐욕을 부립니다. 넘쳐날 만큼 남아도는 재산을 과시하면 다른 사람들보다 더 나아 보일 거라는 생각 때문에 그렇게 하는 것입니다. 하지만 유토피아에서는 그러한 허영심을 부릴 여지가 전혀 없습니다.

시장 안에는 식료품 상점이 있어 빵과 과일, 채소는 물론 고기와 생선을 취급합니다. 그리고 도시의 외곽에 흐르는 물로 피와 내장 등을 깨끗이 씻어내는 구별된 장소들이 있습니다. 짐승을 도축하거나 죽은 짐승의 잔해를 깨끗이 치우는 일은 노예들이 맡아서 합니다. 천성적으로 가지고 있는 인간미와 감성을 해치게 된다고 생각하기 때문에 일반 시민들은 도살을 못하게 되어 있습니다. 또한 대기 오염과 질병의 발생을 사전에 차단하기 위해, 더럽거나 비위생적인 것을 도시 내로 들여오는 것은 금지되어 있습니다.

거리를 걷다보면 일정한 간격을 두고 서 있는 커다란 건물들과 마주치게 됩니다. 특별한 명칭으로 불리는 그곳은 시포그란투스가 사는 건물이며, 그의 관리하에 양쪽 방향으로 각각 15세대씩, 30세대가 모여 식사를 하는 곳이기도 합니다. 식당 관리인은 매일 일정한 시간에 식료품 상점으로 가 자신의 식당에 등록된 인원수를 보고하고 적당한 식료품들을 수령해 옵니다.

그러나 입원해 있는 환자들에게는 우선권을 줍니다. 성벽 바로 밖의 교외 지역에 4개의 병원이 있다는 걸 말씀 안 드렸군요. 병원들은 각각 작은 도시의 형태를 이루고 있습니다. 사람들이 많이 몰려드는 것을 막고 병이 전염되는 것을 차단하기 위한 것입니다. 병원들은 모두 훌륭하게 운영되며 모든 종류의 의료 장비들이 완비되어 있고, 간호하는 사람들이 모두 상냥하고 친절하며 또한 경험많은 의사들이 언제나 상주하고 있기 때문에, 억지로 그곳에 보내지 않더라도 누구나 집에서 앓는 것보다 그곳에서 치료받기를 원합니다.

병원의 식당 관리인이 의사가 지시한 식료품을 가지고 간 후에, 남은 식품들을 각 식당에 등록된 인원 비례에 따라 동등하게 분배합니다. 물론 우대를 받게 되어 있는 시장이나 대주교, 트라니보루스 및 외교관은 예외입니다.

외국인들 또한 우대를 받습니다. 흔한 경우는 아니지만, 외국인

**시장의 모습**

15세기에는 교역의 발달로 인한 물품 거래가 활발했으며, 일반
시장의 기능도 활성화되었다.

들이 있을 때는 특별한 편의시설을 제공해줍니다.


## 공동식사와 육아실

점심과 저녁 식사 시간이 되면 나팔 소리가 울리고 병원이나 집에서 앓고 있는 사람들을 제외한 모든 사람들이 식당에 모입니다. 식당들에 다 나누어주고 난 후 상점에 남아 있는 식료품들은 누구든 마음대로 집으로 가져갈 수 있습니다. 필요하지 않은데 가져가는 일은 없을 것이기 때문입니다. 집에서 식사를 하면 안 된다는 규정은 없지만 집에서 식사하는 것을 좋아하는 사람은 없습니다. 집에서 식사하는 것을 무엇보다 나쁜 습관이라고 생각하기 때문입니다. 또 가까운 곳에 아주 맛있는 음식이 준비되어 있는데, 그다지 훌륭하지도 않은 식사를 준비하느라 온갖 노력을 기울이는 것은 어리석은 일이라고 생각하기 때문이기도 합니다.

식당의 거칠고 힘든 일들은 모두 노예들이 하지만, 재료를 다듬고 요리를 하거나 메뉴를 정하는 일은 전적으로 그날 당번이 된 주부들이 맡아서 합니다. 하루씩 돌아가며 가구별로 식사 준비를 책임지고 있기 때문입니다.

사람 수에 따라 다르지만, 각 가정의 성인들은 보통 서너 개의 식탁에 둘러앉습니다. 남자들이 벽을 등지고 앉고 여자들은 바깥쪽에 앉습니다. 임신부들에게 가끔씩 일어나는 일이지만, 만약 갑작스런 진통이 오면 수월하게 자리에서 일어나 육아실로 갈 수 있게 하기 위해서입니다.

산모와 갓난아이를 위해 마련해놓은 육아실에는 언제나 따뜻하게 불이 지펴져 있고, 깨끗한 물도 넉넉하게 준비되어 있습니다. 또한 어린이용 침대들이 넉넉히 준비되어 있어 산모들은 갓난아기를 침대에 눕혀두거나, 아기들의 옷을 벗기고 난로 앞에서 놀도록 할 수도 있습니다.

아기 엄마가 죽었거나 병든 경우 외에는, 어머니가 갓난아기를 정성껏 돌봅니다. 엄마가 죽거나 병든 경우에는 시포그란투스의 아내가 즉시 유모를 구합니다. 유모의 역할을 할 여건이 되는 여성들은 기꺼이 그 일을 하려 하기 때문에 유모를 구하는 데는 전혀 어려움이 없습니다. 이러한 자애로운 행동은 널리 칭송받고 있으며, 어린아이도 유모를 항상 친어머니처럼 따릅니다.

육아실은 다섯 살 미만의 아이들이 식사하는 곳이기도 합니다. 아직 결혼할 만한 나이가 되지 않은 소년 소녀들은 식당에서 식사 시중을 듭니다. 시중을 들기에는 아직 어리다면 식탁 곁에 조용히 서 있습니다. 어린이들의 식사 시간은 별도로 정해져 있지 않습니다. 그들은 어른들의 식탁에서 함께 식사를 합니다.

## 노인과 청년이 함께 앉는 식탁

식당 한쪽 끝에 마련된 단 위에 놓인 상석에서는 식당 안에 있는 사람들을 모두 한눈에 바라볼 수 있습니다. 좌석은 언제나 4명 단위로 앉도록 준비되어 있어서 상석에는 시포그란투스 부부와 가장 나이가 많은 주민 두 사람이 함께 앉습니다. 그 마을에 교회가 있을 경우, 당연히 성직자 부부를 예우하여 시포그란투스와 함께 상석에 앉도록 합니다. 그들 양쪽 식탁에는 4명의 젊은이가 앉고, 그 옆에는 그들보다 나이 많은 사람들이 앉는 식으로, 식당 전체 자리를 채웁니다. 다시 말하면 동년배들과 함께 앉지만 연배가 다른 사람들과 섞여 앉는 것입니다. 그렇게 좌석을 배치하는 것은 연장자를 존중하는 마음으로 인해 젊은이들이 철없는 행동을 억제할 수 있기 때문이라고 합니다. 젊은이들이 하는 말과 행동은 바로 곁에 앉아 있는 나이 많은 사람들에게 바로 알려지기 때문입니다.

음식을 나누어주는 것은 식탁이 놓여 있는 순서대로 하지 않습니다. 눈에 띄게 표시를 해놓은 식탁에 앉아 있는 최고 연장자들에게 정성껏 음식상을 차려준 다음, 나머지 사람들에게는 동등하게 나누어줍니다. 하지만 각별히 맛있는 음식이 골고루 나누어 먹기에 부족한 경우, 연장자는 주변 사람에게 적절하게 나누어줍니다. 그러므로 연장자를 존중하면서도 모두들 만족스럽게 식사를 하게 되는 것입니다.

식사는 좋은 글귀를 낭독하는 것으로 시작하는데, 아주 짧게 낭독하므로 지루해하는 사람은 없습니다. 그러고 나서 원로들이 진지한 문제들에 대한 논의를 시작하는데, 딱딱하거나 침울한 분위기를 띠지는 않습니다.

그들은 식사를 하는 동안 대화를 독점하지도 않습니다. 오히려 젊은이들의 이야기를 즐겁게 들어주고 세심하게 이야기를 이끌어 내, 편안하고 자유로운 분위기 속에서 자연스럽게 젊은이들의 성격과 지적인 면모 등을 가늠해보기도 합니다.

점심 시간 후에는 일을 해야 하므로 식사 시간이 짧지만, 저녁 식사 후에는 밤새 잠을 잘 수 있으므로 식사 시간을 비교적 길게 갖습니다. 그렇게 하는 것이 음식을 잘 소화시키는 데 도움이 된다고 생각합니다. 저녁 식사 시간에는 언제나 음악을 들으며, 식사가 끝난 후에는 다양한 종류의 사탕과 과일들을 즐깁니다. 그들은 또 식당 안에 향을 피우거나 향수를 뿌려둡니다. 사실 그들은 사람들을 즐겁게 할 수 있는 일들은 모두 합니다. 해가 되지 않는 쾌락은 전적으로 정당하다고 생각하기 때문입니다.

자, 지금까지는 도시에서의 생활을 말씀드렸습니다. 농촌에서는 집들이 서로 멀리 떨어져 있기 때문에 각자 자신의 집에서 식사를 합니다. 물론 그들도 역시 도시 사람들과 마찬가지로 좋은 음식을 먹습니다. 그들이 바로 도시 사람들이 먹는 것을 생산하는 사람들이니까요.


## 어디에 있든 언제나 일한다

이제부터 여행에 대해 말씀드리겠습니다. 다른 도시에 사는 친구를 찾아가거나 다른 도시를 둘러보고 싶다면, 집에서 시급히 처리해야 할 일이 없을 경우, 자신의 시포그란투스와 트라니보루스에게 신청만 하면 쉽게 여행 허가를 얻어낼 수 있습니다.[13] 시장의 서명이 기록된 단체 여행증명서를 갖고 단체로 여행을 떠나게 되는데, 여행증명서에는 돌아와야 할 날짜가 기록되어 있습니다. 여행자에게는 소가 끄는 마차와 소를 몰고 돌봐줄 노예 한 명이 제공됩니다. 하지만 일행 중에 여자가 없을 경우, 대부분의 사람들은 마차를 성가시게 여겨 걸어서 여행을 합니다.

어디를 가든 집에 있을 때와 마찬가지로 필요한 것을 모두 얻을 수 있으므로 짐을 가져갈 필요가 없습니다. 어느 한 지역에서 24시간 이상을 머물게 되면, 자신이 평소에 하던 일을 할 수 있습니다. 그 지역에 있는 같은 일을 하는 사람들이 기꺼이 환영하기 때문입니다.

여행증명서 없이 자신이 사는 도시 밖에서 잡히면, 망신을 당하고 송환되어 무단 이탈자로 엄중한 처벌을 받습니다. 무단 이탈죄를 두 번 범하게 되면 그 벌로 노예가 됩니다. 그러나 부근의 가까운 농촌을 돌아보고 싶을 경우에는 가장이 허락하고, 아내가 반대하지 않는다면 나갈 수 있습니다. 물론 농촌에 가서 오전이나 오후에 일을 하지 않으면 어디에서든 식사를 할 수 없습니다. 하지만 이런 경우 외에는 자신이 소속된 도시 내의 어떤 곳이든지 자유롭게 다닐 수 있으며 자기 집에 있을 때와 마찬가지로 그 사회의 유

---

13  여행에 관한 유토피아의 정책은 고대 스파르타와 비슷하다. 스파르타의 법률 대부분을 만든 리쿠르고스는 시민들이 외국의 사상이나 풍속에 물드는 것을 막기 위해 여행을 제한했다.

용한 구성원으로 대접을 받습니다.

이제 그들의 생활이 어떤지 알게 되셨을 것입니다. 그건 바로 어디에 있든 언제나 일을 해야 한다는 것입니다. 게으름에 대해서는 그 어떤 변명도 허용되지 않습니다. 술집은 전혀 없고 매음굴도 없으며 타락할 기회도 없고 비밀회의를 할 장소도 없습니다. 모든 사람들이 지켜보고 있으므로 실제로 자신의 일을 할 수밖에 없으며, 여가 시간도 유용하게 사용하게 되는 것입니다.


## 무역은 신용 거래가 원칙

이러한 제도하에서는 모든 물자가 풍부하고, 주민 전체에게 모든 것이 균등하게 분배되므로 당연히 가난한 사람이나 거지가 있을 수 없습니다. 기억하시겠지만 각 도시는 세 명의 대표를 아마우로툼에서 매년 열리는 세나투스 멘티라누스[14] 즉 의회로 파견합니다. 의회에서는 매년 생산량을 낱낱이 조사하여, 각 지역마다 어떤 생산물이 풍족하며 무엇이 부족한지 명확히 판단하고 균등한 분배를 위해 체계적인 이송명령을 내리게 됩니다. 이러한 물자들의 이송은 당연한 조치이므로 그에 따르는 대가를 요구하지 않습니다. 그러나 실제로는 A시가 B시에 보낸 무상의 선물은 C시로부터 받

---

**14** 멘티라누스(Mentiranus)는 거짓말이란 뜻의 'Mentiri'에서 나온 조어로 보인다. 즉 모어 자신의 경험을 통해 의회에서는 거짓말을 할 수밖에 없는 상황을 빗댄 듯하다.

**동양으로부터의 무역로**

15세기에는 지리상의 발전과 더불어 육로를 통한 무역 거래가
성행했으며, 이를 통해 자본 축적이 이루어졌다.

는 무상의 선물로 인해 균형을 맞춥니다. 그렇게 하여 섬 전체가 마치 하나의 거대한 가정처럼 운영되는 것입니다.

자신들에게 필요한 물품들을 충분히 저장해놓은 후에 —— 그들은 다음 12달 동안 어떤 일이 일어나더라도 1년을 충분히 견딜 수 있을 만큼 넉넉하게 저장합니다 —— 남는 물품들은 수출합니다. 이러한 수출품들에는 엄청난 양의 곡물과 꿀, 양털, 아마, 목재, 진홍색과 자주색 옷감, 생가죽, 밀랍, 쇠기름, 가죽 그리고 가축 등이 있습니다. 수출품의 7분의 1은 수입하는 나라의 가난한 사람들을 위해 무상으로 넘겨주고, 나머지는 적절한 가격으로 판매합니다. 이러한 외국 무역을 통해 필수적인 수입품 —— 대개는 철밖에 없지만 —— 의 대금을 마련하고, 막대한 현금 수입을 거두어들입니다.

실질적으로 그들은 오랜 시간 동안 믿을 수 없을 만큼의 금과 은을 비축해두었습니다. 그래서 그들은 현금 거래든 신용 거래든 크게 신경 쓰지 않으며 요즈음에는 거의 모든 거래를 신용 거래로 하고 있습니다. 그러나 신용 거래를 할 경우, 그들은 개인적인 증서는 받지 않는 대신 수입 지역의 관청이 서명하고 봉인하여 발급한 법적인 계약서 제출을 요구합니다.

지급 기일이 돌아오면, 관청에서는 계약과 관련된 개인들로부터 대금을 거두어들여 공적 자금으로 만들고 유토피아인들이 청구할 때까지 그 돈을 적절히 활용합니다. 그러나 유토피아인들은 거의 그 돈을 청구하는 법이 없습니다. 자신들에게 꼭 필요한 것도 아닌

데, 필요로 하는 사람들로부터 그것을 빼앗아오는 것은 부당한 일이라고 생각하기 때문입니다.

하지만 그 자금의 일부를 다른 나라에 빌려줄 필요가 생기면 상환해줄 것을 요구합니다. 그리고 전쟁은 그들이 나라의 재산을 비축하는 이유 중 하나이므로 전쟁을 치러야 할 때가 되면 상환을 요구하게 됩니다. 시민들을 중대한 위기나 재난으로부터 보호하는 것이 가장 중요한 일이기 때문입니다.

그렇게 마련된 자금은 대부분 외국인 용병을 고용하기 위해 지불됩니다. 시민들의 목숨을 위태롭게 하기보다 용병으로 대체하는 것입니다. 그들은 충분한 돈을 지불한다면 적군이라도 매수할 수 있으며, 적군들끼리 서로 반목하여 다투게 할 수도 있다는 것 또한 잘 알고 있습니다. 그들이 엄청난 양의 귀금속을 비축하고 있는 유일한 이유도 바로 이것 때문입니다.


## 가치보다 수치의 상징인 금과 은

그들은 귀금속을 보물로 여기지 않습니다. 사실은 여러분들이 내 말을 믿지 않을 것이라는 우려 때문에 그들이 보물을 하찮게 여긴다는 사실은 말하지 않으려고 했습니다. 직접 확인하기 전에는 나 자신도 믿기 어려운 일이었으므로 당연한 우려이기도 합니다. 자신의 사고방식과 너무나도 동떨어진 일들은 터무니없는 것으로 생각되기 마련입니다. 하지만 그 외의 모든 관습들도 우리들과 전혀 다르다는 것을 생각하면, 그들이 은이나 금을 사용하는 방법을 보며 놀라는 것이 오히려 불합리하다고 느껴집니다. 특히 나는 그들이 돈을 전혀 사용하지 않으며, 오로지 장차 닥칠지도 모를 위기 상황을 대비하여 간직한다는 사실에 주목하고 있습니다.

돈의 재료가 되는 은이나 금을 그것이 지니고 있는 본래의 가치 이상으로 소중하게 여기는 사람은 없습니다. 철의 가치와 비교한다면 은이나 금의 가치는 확실히 많이 떨어집니다. 인간이 불이나 물 없이 생존할 수 없는 것처럼 철이 없으면 생활을 영위할 수 없습니다. 희소가치라는 어리석은 관념만 없다면, 누구나 금과 은이 없어도 편안하게 살 수 있습니다. 그래서 자애로운 대자연은 흙과 공기와 물과 같은 가장 소중한 선물들은 모두 우리들의 눈앞에 펼쳐놓았지만, 그다지 필요하지 않은 것들은 보이지 않는 곳에 숨겨 두었던 것입니다.

그리고 만약 시장이나 트라니보루스들이 그러한 금속들을 특별한 금고에 밀폐시켜 놓는다면, 시민들은 그들이 자신들을 속이고 그것들을 이용해 이익을 챙기고 있다고 생각할 수도 있습니다. 사람들이 그러한 일에 뛰어난 재능을 가졌다는 건 여러분들도 잘 알고 있을 것입니다.

물론 금과 은을 이용해 장식용 접시나 그 외의 예술작품들을 만들어낼 수도 있습니다. 하지만 그럴 경우 사람들이 그런 장식품들을 점점 좋아하게 되어, 그것을 녹여 용병들에게 지불해야 할 때가 되면 아주 괴로워할 것입니다.

이러한 곤경을 해결하기 위해, 그들의 사회관습과는 완벽하게 일치하지만 우리들의 관습과는 —— 특히 금을 보물로 취급하는 관습과는 —— 정반대인 제도를 만들어냈습니다. 그래서 여러분들이 직접 눈으로 확인하기 전에는 믿을 수 없다고 생각할 것입니다.

그들의 제도에 의하면 식기나 컵은 유리나 도자기 흙 같은 값싼 재료를 활용하여 아름답게 만들어냅니다. 하지만 금과 은은 공동 식당에서는 물론 가정에서 쓰는 요강과 같은 불결한 일상용품들을 만드는 데 사용하는 일반적인 재료일 뿐입니다.

그들은 노예들을 묶는 사슬이나 족쇄를 순금으로 만들며, 매우 수치스러운 죄를 범한 사람들은 귀와 손가락에 금으로 만든 귀걸이와 반지를 끼고 목에는 금 목걸이를 두르고, 머리에는 금관을 쓰고 다니도록 합니다.

사실 그들은 은이나 금을 경시하도록 만들 수 있는 모든 방법을 다 동원합니다. 그래서 갑작스럽게 자신들이 갖고 있던 금이나 은을 모두 내놓아야 할 때가 오더라도 —— 다른 나라에서는 자신의 목숨을 빼앗기는 것과 같은 엄청난 일이라고 생각하지만 —— 유토피아인들은 아무렇지도 않게 생각합니다.

보석들의 경우도 마찬가지입니다. 해변에는 진주가 널려 있고, 다이아몬드와 석류석이 발견되는 바위들도 있지만, 이런 보석들을 찾아 헤매는 사람은 아무도 없습니다. 하지만 우연히 그런 것들을 발견하게 되면 주워서 깨끗이 닦은 후 어린이들의 장식품으로 씁니다.

어린이들은 처음에는 이러한 패물을 무척이나 자랑하지만 육아실에서만 달고 다니므로 나이가 되어 등록을 할 때가 되면, 부모가 시키지 않더라도 자존심 때문에 그것을 버립니다. 우리나라의 어린이들이 자라면 인형이나 호두 껍데기, 행운을 부르는 장식물 따위를 갖고 놀지 않는 것과 같은 일이지요. 이처럼 특이한 관습은 특이한 반응들을 불러일으키기 쉽다는 것을 아네몰리우스[15]의 외교관들을 통해서 생생하게 확인할 수 있었습니다.

## 황금을 숭배하는 자들의 어리석음

내가 그곳에 머물고 있을 때 그 외교관들이 아마우로툼시를 방문했습니다. 무척이나 중요한 문제를 협의하기 위해 온 그 외교관들을 맞이하기 위해 각 도시의 의회에서는 세 명의 대표를 파견했습니다. 그동안 유토피아를 방문했던 외국 사절들은 모두 해협 건너편에 위치한 국가에서 왔으므로 유토피아인들의 사고방식에 대해 잘 알고 있었습니다. 유토피아에서는 값비싼 옷으로는 존경받지 못하고 비단옷은 경멸의 대상이며, 금은 불쾌한 단어로 여기고 있다는 것을 알고 있었던 그들은 최대한 간소한 옷차림으로 유토피아를 방문했습니다.

---

**15** 아네몰리우스(Anemolius)는 바람이라는 뜻의 'anemos'에서 나온 말로 '허영에 들뜬 사람'이라는 뜻이다.

하지만 아네몰리우스는 멀리 떨어진 나라였으므로 유토피아인들과 그다지 왕래가 없었습니다. 유토피아에서는 누구나 똑같은 옷을 입으며 그 옷도 —— 더 좋은 것이 없기 때문에 —— 무척이나 조잡한 것이라는 정도만 알고 있었습니다. 그로 인해 그들은 외교적인 관례를 따르기보다 오히려 호화스럽게 보이기로 결정했습니다. 그래서 신들이나 입을 법한 호화찬란한 옷을 차려입고 궁핍하게 사는 유토피아인들을 현혹시키기로 했던 것입니다.

단 세 명으로 구성된 외교 사절단이 도착했을 때, 수행원은 백 명이나 되었고 한결같이 울긋불긋한 색상의 비단옷을 입고 있었습니다. 귀족인 외교 사절단도 —— 그들은 자기 나라에서는 귀족이었습니다 —— 금박 입힌 옷에 금 목걸이를 두르고, 귀에는 금 귀걸이를 달고 손가락에는 금반지를 끼고 있었습니다. 모자는 진주와 다른 보석들이 총총히 박혀 있는 금 사슬로 치장되어 있었습니다. 다시 말해 유토피아에서는 노예를 처벌하거나 범죄자들을 욕보이기 위해 사용하거나 어린아이들의 장난감으로 쓰는 것들로 치장을 하고 온 것이었습니다.

그건 정말 잊을 수 없는 구경거리였습니다. 그 세 명의 귀족은 거리에 가득 찬 유토피아인들의 옷차림과 자신들을 비교하면서 무척이나 으스대고 있었습니다. 하지만 그들이 연출해낸 장면의 실상은 기대했던 것과는 달리 아주 실망스러운 것이었습니다. 아시다시피 유토피아인들은 —— 가끔 외국에 다녀왔던 몇몇 사람들 외에는 —— 호사스러운 것들은 모두 품위가 없다고 여깁니다. 그래서 유토피아인들은 당연히 수수하게 차려입은 수행원들은 최대한의 예의를 갖춰 맞이했지만, 금줄을 두르고 있는 외교관들은 노예일 것이라고 여겨 아예 무시해버렸습니다.

더 이상 진주나 보석 따위를 갖고 놀지 않게 된 어린이들이 그 외교관들의 모자를 장식한 진주와 보석을 발견했을 때의 표정은 잊을 수가 없습니다. 아이들은 어머니의 옆구리를 찌르며 낮게 속삭였습니다.

"엄마, 저 바보 같은 어른들 좀 봐! 저 정도의 나이가 되어서도 보석을 좋아하다니!"

어머니는 진지한 표정으로 대답했습니다.

"쉬, 조용히 해! 저 사람은 분명 대사를 따라다니는 광대일 거야."

금 사슬에 대해서도 험담들이 쏟아져 나왔습니다.

"저 사슬은 엉터리야. 너무 가늘어서 노예가 쉽게 끊어버릴 수 있을 것 같아. 게다가 너무 헐렁하잖아. 마음만 먹으면 언제든 벗어버리고 도망칠 수 있을 거야!"

하루 이틀 묵는 동안 아네몰리우스 사람들은 어떤 일이 벌어지고 있는지 알아차릴 수 있었습니다. 그들은 유토피아에 금이 무척 많고 값도 아주 싸며, 자신들이 금을 좋아하는 것만큼이나 이곳 사람들이 진심으로 금을 경멸한다는 사실도 알게 되었습니다. 또한 도망치다가 잡혀 온 한 노예가 그들 세 사람이 가지고 있던 것보다 더 많은 은과 금을 몸에 감고 있었다는 것도 알게 되었습니다.

결국 그들은 뻐기려던 태도를 버리고 도리어 자신들의 모습을 부끄러워하게 되었습니다. 특히 유토피아의 친절한 관리들과의 대화를 통해 이 나라의 관습과 예절을 알고 난 후에는, 자랑으로 여기던 모든 장식품들을 없애버렸습니다.

유토피아인들은 하늘에 반짝반짝 빛나는 별들이 그토록 많은데, 별에 비해 그 빛도 미미한 조그마한 돌조각에 매혹되는 것을 이해하지 못합니다. 또한 자신들보다 질 좋은 양털 옷을 입었다고 해서 더 잘났다고 바보처럼 으스대는 것도 이해하지 못합니다. 제아무리 잘 만든 양털 옷이라 해도 본래의 양털보다 더 좋을 수는 없을 것이며, 또한 양털은 양털일 뿐 그보다 더 훌륭한 것이 될 수는 없다고 생각합니다.

또한 지금 전 세계에서 금과 같이 아무런 쓸모도 없는 물질을, 그것에 가치를 부여한 인간보다 훨씬 더 가치 있게 여기는 이유를 이해하지 못합니다. 그 결과 정신적인 능력이 한 줌의 납덩이나 나무토막보다 못하고, 바보인 데다 비도덕적이기까지 한 자가, 우연한 기회에 엄청난 금동전을 갖게 되었다는 이유만으로 선량하고 현명한 사람들을 마음대로 부려먹게 된 것입니다. 그리고 운명의 장난이나 법을 이용한 속임수를 통해 —— 이 두 가지 다 세상사를 뒤집어놓는 효과적인 방법이지요 —— 금동전이 갑작스럽게 그 존재조차 미미했던 하인의 손으로 넘어가면, 주인은 마치 화폐에 새긴 조각처럼 돈에 딸려 들어가 자기 하인의 하인이 되고 맙니다.

하지만 유토피아인들이 가장 어이없어 하고 혐오하는 것은 부자에게 빚을 졌거나 그의 지배를 받는 것도 아니면서, 그리고 그가 살아 있는 동안엔 절대로 한 푼도 거저 주지 않는다는 걸 알고 있으면서도, 단지 부자라는 이유만으로 그를 숭배하는 바보스러운 태도입니다.

## 실용성을 중시하는 유토피아의 학문

유토피아인들이 이러한 생각들을 갖게 된 것은 우리의 엉터리 제도와는 전혀 다른 제도 밑에서 자랐으며, 독서와 교육을 제대로 했기 때문입니다. 어릴 적부터 보기 드문 특출한 지능을 가졌거나 각별한 학구열을 지니고 있다고 인정된 극히 소수의 사람들 외에는, 오로지 학문에만 몰두하는 것이 허용되지 않습니다. 하지만 어린이들은 누구나 기본적인 교육을 받으며, 이미 말했듯이 대부분의 남녀들은 평생 여가 시간을 이용하여 자발적으로 공부를 계속하고 있습니다.

유토피아에서는 풍부한 어휘를 갖추고 있는 자신들의 언어로 모든 것을 가르칩니다. 그들의 언어는 듣기에 편안하고 표현 또한 풍부합니다. 어느 정도 사투리가 섞여 있기는 하지만 전체적으로 같은 언어를 사용합니다.

그들은 우리 일행이 그곳에 도착하기 전에는 유명한 유럽 철학자들의 이름조차 모르고 있었습니다. 하지만 음악과 논리학, 수학, 기하학과 같은 분야에서는 우리 학자들이 발견했던 것과 똑같은 원리들을 이미 알고 있었습니다. 하지만 논리학의 경우 고전적인 논리에 있어서는 대체로 우리들과 비슷한 성과를 이루었지만 현대 논리학 분야에서는 뒤떨어져 있었습니다.

예를 들어 우리들의 모든 학생들이 열심히 배우는 『논리학개론』에 명쾌하게 설명되어 있는 한정이나 확충, 가정 등과 같은 정의는 전혀 몰랐습니다. 또 '2차 개념'[16]도 모를 뿐만 아니라 '인간'과 같은, 악명 높은 '보편 개념'[17]의 존재는 상상조차 못했습니다. 아시다시피 보편 개념으로서의 인간은 세상에 존재하는 그 어떤 거인보다 더 뚜렷한 모양을 하고 있지만, 아무리 명쾌하게 인간에 대해 설명해 주어도 유토피아에서는 제대로 알아듣는 사람이 없었습니다.[18]

반면에 천문학에는 정통해 있으며, 해와 달 그리고 자신들의 지역에서 보이는 그 외의 모든 별들의 정확한 위치와 운행을 관측하는 매우 창의적인 도구들을 발명해냈습니다. 하지만 천문학에 있어서도 유성들 간의 유대나 반목을 알아차리고, 별을 보고 운명을 점친다는 등과 같은 허풍 따위는 전혀 없습니다.

---

**16**  2차 개념은 중세의 논리학 용어이다. 1차 개념은 나무, 새 등과 같은 사물 그 자체를 직접적으로 인식하는 개념이고, 2차 개념은 1차적으로 이해한 사물을 분류하여 특정한 유(類), 종(種) 등에 귀속시키고 다른 사물들과의 차이, 동일성 등을 구분하는 것이다.

**17**  '인간이라는 보편 개념이 악명 높다'고 한 것은, 실념론(實念論)과 유명론(唯名論) 간의 보편 논쟁을 풍자한 것이다. 실념론자들에게 있어서 인간은 개별적인 실재성을 갖지 못하고 오로지 추상적인 인간의 본질만이 존재한다. 이에 반하여 유명론자들은 실재하는 것은 오직 각각의 개체라고 주장했다.

**18**  2차 개념을 모르는 유토피아인들에게는 개체와 본질을 분리해서 생각해야 하는 보편 개념과 보편 논쟁이 공허한 말잔치가 될 수밖에 없다.

**천문학을 연구하는 학자들**

천문학의 발달은 기후와 날씨를 예측하는 데 기여했으나 한편으
로는 허황된 점성술을 유행시키기도 했다.

그들은 오랜 경험을 통해 비나 바람이 다가오거나, 그 외의 기후 변화의 조짐을 잘 알고 있습니다. 하지만 이러한 현상들에 관해 이론적으로 설명해달라고 하거나, 바닷물은 왜 짠지, 밀물과 썰물의 원인은 무엇인지 묻거나, 혹은 우주의 기원과 본질에 대한 일반적인 설명을 부탁하면 무척이나 다양한 대답을 들려줍니다. 그들의 답변 중 몇몇 가지는 우리 고대 철학자들의 견해와 일치합니다. 하지만 이러한 견해들은 언제나 일치하지 않기 마련이어서, 유토피아인들이 그들 나름의 전혀 새로운 학설을 세웠으며 그것들이 서로 완벽하게 일치하지 않는다고 해도 그리 놀라운 일은 아닐 것입니다.

## 인간의 행복은 쾌락에서 나온다

윤리학에 있어서도 그들은 우리들과 똑같은 문제들에 대해 논의하고 있습니다.[19] 선(善)이라는 개념을 심리, 생리, 환경의 세 가지 유형으로 분류하고, 선을 이 세 가지 유형 전체에 엄격하게 적용할 수 있는 것인지, 혹은 오로지 심리적인 유형에만 적용시킬 수 있는 것인지를 연구합니다. 또한 덕(德)과 쾌락에 대해서도 논의합니다. 하지만 그들이 펼치는 논의의 중심 주제는 인간적인 행복의 본질

---

**19** 유토피아의 도덕설은 에피쿠로스학파의 쾌락주의와 스토아학파의 금욕주의를 바탕으로 하고 있다. 쾌락의 강조와 이성의 존중이 적절하게 조화를 이루고 있다.

은 무엇인가이며, 인간의 행복이 어떤 한 가지 요인에 의해 결정되는지 혹은 여러 가지 요인들에 의해 결정되는지를 연구하는 것입니다.

이런 면으로 보면 그들은 전반적으로 쾌락주의적인 경향을 지니고 있는 것으로 보입니다. 그들은 인간의 행복이 대부분, 혹은 전적으로 쾌락에 의해 얻어진다고 생각하고 있기 때문입니다. 더욱 놀라운 것은, 그들은 이러한 자기탐닉적인 이론을 —— 음울한 금욕주의는 아니더라도 보통은 인생에 대한 보다 더 진지한 인생관과 연계되어 있는 —— 종교에서 이끌어내 뒷받침하고 있다는 것입니다. 행복에 관한 모든 논의에 있어 그들은 합리적 논증을 위해 일정한 종교적 원리를 인용하는데, 그렇게 하지 않을 경우 진정한 행복을 정의하기 힘들다고 생각하기 때문입니다.

첫번째 원리는 모든 영혼은 영원불멸하며, 그 영혼들이 모두 행복하기를 바라는 자비로운 신에 의해 창조되었다는 것입니다. 두번째 원리는 현세에서의 선행과 악행에 따라 내세에서 보상이나 벌을 받게 된다는 것입니다. 비록 두 가지 다 종교적 원리들이지만, 유토피아인들은 이것들에서 논리적인 근거를 찾아냅니다.

만약 이러한 원리들을 받아들이지 않는다고 가정해봅시다. 그러면 아무리 바보라도 어떻게 살아야 할지 말할 수 있을 것입니다. 즉, 옳건 그르건 누구든 자기만의 쾌락을 누리려해야 하고, 소소한 쾌락이 커다란 쾌락을 방해하지 못하도록 해야 하며, 고통이 따르는 쾌락은 피해야 한다고 말입니다.

만약 아무것도 얻을 것이 없다면, 쾌락을 거부하고 일부러 고통을 자초하면서까지 미덕을 갖추기 위해 노력해야 할 이유가 있겠습니까? 만약 무척이나 불편하게, 그래서 매우 비참하게 살았는데 죽은 다음에 아무런 보상도 받을 수 없다면 무슨 희망으로 그렇게 살겠습니까?

## 고결한 쾌락은 타인을 희생시키지 않는다

하지만 그들은 모든 종류의 쾌락을 행복한 것이라 여기지는 않습니다. 보다 더 고결한 쾌락만을 행복이라 여깁니다. 게다가 그들은 전혀 다른 사상을 가진 사람들이 아닌 한, 미덕을 갖추는 것을 행복으로 생각하지도 않습니다. 일반적인 견해에 따르면 행복은 최고선이며, 사람들은 미덕을 통해 자연스럽게 그 최고선에 다가가는 것이라고 하지만, 그들은 신이 주신 자연스러운 충동을 따르는 것이라고 정의합니다.

하지만 이 경우 좋고 싫은 것들 속에서 일어나게 되는 본능은 이성으로 눌러야 합니다. 그 이성은 무엇보다 우리를 존재하게 했으며 또 행복하게 살아갈 가능성을 주신 전지전능한 신을 사랑하고 경배하도록 가르칩니다. 또한 최대한 안락하고 즐겁게 살며 우리들 외의 모든 사람들도 그렇게 살 수 있도록 도와야 한다는 것을 가르칩니다.

실제로 가장 엄격한 금욕주의자들까지도 쾌락을 비난하는 데 있어 어느 정도의 모순이 있습니다. 그들은 격한 노동과 최소한의 수면과 불편한 생활을 해야 한다고 주장하면서, 동시에 다른 사람들의 고통과 곤궁을 덜어주기 위해 최선의 노력을 기울여야 한다고 합니다. 그들은 그러한 모든 행위들을 인간의 삶을 향상시키는 인간미 넘치는 행위라고 칭송합니다.

타인의 고통을 덜어주고, 불행을 막아주어 삶의 기쁨, 즉 쾌락을 누릴 수 있도록 해주는 것보다 더 인간적이며 자연스러운 일은 없을 것이기 때문입니다. 그렇다면 자기 자신을 위해 그렇게 하는 것은 왜 자연스러운 일이 아니라는 것일까요?

인생을 즐기는 것, 다시 말해 쾌락을 누리는 것이 나쁜 일이라면 다른 사람들이 쾌락을 누리도록 도와서는 안 될 것이며, 인류 전체가 그런 불행한 운명에 빠져드는 것을 막기 위해 노력해야 할 것입니다. 반면에 쾌락을 누리는 것이 다른 사람들에게 좋은 일이라면, 스스로도 쾌락을 누려야 할 뿐만 아니라, 다른 사람들도 누릴 수 있도록 적극적으로 도와주어야만 합니다.

그렇다면 자기 자신에게 그렇게 해서는 안 될 이유가 없는 것 아니겠습니까? 결국 타인들에게는 물론 자기 자신에게도 그렇게 해야 할 의무가 있는 것입니다. 남에게 친절을 베푸는 것이 자연스러운 일이라고 하면서, 자신에겐 혹독해야 한다고 할 수는 없습니다.

그러므로 유토피아인들은 삶의 기쁨, 즉 쾌락을 모든 인간이 노력을 기울여야 할 자연적인 목표라고 생각합니다. 자연적이라는 말은 그들의 정의에 의하면 미덕을 갖추었다는 말과 같은 의미입니다. 그러나 그 어떤 인간도 자연의 사랑을 독차지할 수 없으므로, 자연은 인간들이 서로 도우며 삶을 즐기기를 바랍니다. 자연은 개별적인 모든 인간들의 행복에 대해 똑같이 관심을 기울입니다. 따라서 자연은 당연하게도 타인을 희생시키면서 자신의 이익을 추구해서는 안 된다고 분명하게 밝힙니다.

## 실체 없는 쾌락에 빠지는 어리석은 사람들

이러한 원칙에 따라 그들은 개인 간의 생활에서는 약속을 지켜야 하며, 또한 쾌락의 원재료라 할 '물품'의 분배를 규정한 공공의 법을 지켜야만 한다고 생각합니다. 그 법이 현명한 통치자에 의해 공정하게 제정된 것이거나, 어떤 폭력이나 속임수 없이 전 국민의 동의에 의해 제정된 것이라면 그렇게 해야 한다고 생각합니다. 이러한 범위 내에서 자신의 이익을 따지는 것은 당연한 태도지만, 동시에 사회의 이익을 고려하는 것도 도덕적 의무인 것입니다.

다른 사람의 쾌락을 빼앗아 자신이 누리는 것은 잘못이지만, 자신의 쾌락을 덜어서 다른 사람이 더 많이 누릴 수 있도록 하는 것은 인간적인 행위이며, 그러한 행위는 언제나 잃은 것보다 더 많은 쾌락으로 보상받게 됩니다.

우선 그러한 선행은 대부분 그와 비슷한 보상을 받게 됩니다. 또한 누군가에게 선의를 베풀었다는 뿌듯함과, 상대방으로부터 애정과 호감을 얻게 되어 물질적인 손실을 훨씬 뛰어넘는 정신적인 만족감을 누리게 됩니다. 더 나아가 —— 종교적인 사람들이 쉽게 갖는 믿음이지만 —— 신은 그러한 순간적인 쾌락을 희생한 보상으로 완전한 기쁨을 영원히 누리도록 해줄 것입니다. 그러므로 유토피아인들은 쾌락이야말로 최대로 덕을 갖추어 행동해야 할 때에도 모든 인간들이 지향해야 할 궁극적인 행복이라고 주장합니다.

그들은 자연스럽게 즐길 수 있는 육체적, 정신적 활동 모두를 쾌락이라고 정의합니다. 가장 핵심적인 말은 '자연스럽다'는 것입니다. 그들의 주장에 의하면 인간은 남을 해치거나, 보다 더 큰 쾌락을 방해하거나, 불쾌한 후유증을 남기지 않는다면, 본능적으로는 물론 이성적으로도 모든 자연스러운 방법을 동원해 즐기게 되어 있다고 합니다. 하지만 인간들은 마치 명백한 사실들도 정의(定義)처럼 쉽게 변질시킬 수 있다는 듯이, 결코 자연스럽게 즐길 수 없는 것들을 쾌락이라고 부르는 어리석은 음모를 꾸며왔습니다.

유토피아인들은 그러한 종류의 쾌락은 행복에 도움이 되기는커녕 행복 자체를 불가능하게 만든다고 믿고 있습니다. 그러한 쾌락에 물들어버리면 진정한 쾌락을 누릴 수 있는 능력은 모두 잃어버리고 그저 실체 없는 쾌락에만 사로잡힐 뿐이기 때문입니다.

그러한 쾌락은 인간들에게 전혀 기쁨을 주지 못합니다. 사실 그런 종류의 쾌락은 바람직하지도 않습니다. 하지만 그러한 쾌락들은 왜곡된 취향에 강력한 영향을 미쳐, 그것을 인생의 주요한 쾌락 중 하나로 여길 뿐만 아니라 삶의 주된 이유로까지 생각하는 사람이 생기게 되는 것입니다.

앞서 말했듯이, 남들보다 더 좋은 옷을 입었다고 해서 자신이 남들보다 우월하다고 생각하는 사람들이 바로 이러한 실체 없는 쾌락에 빠져 있는 사람입니다. 그런 사람들은 실제로 옷뿐만 아니라 자기 자신에 대해서도 잘못 생각하고 있습니다. 실용적인 입장에서 보더라도, 왜 고운 양털실로 짠 옷이 거친 실로 짠 옷보다 더 훌륭하다는 것입니까? 그런 사람들은 고운 실로 짠 옷이 자연적으로 더 우수하기 때문에 그런 옷을 입으면 자신의 가치가 높아진다고 생각합니다. 그래서 그다지 화려하지 않은 옷을 입었을 때는 엄두도 못 냈을 만큼의 존경을 받아야 마땅하다고 생각하면서, 자신이 기대한 만큼의 존경을 받지 못하면 버럭 화를 내는 것입니다.

## 자신과 타인을 속여서 얻는 헛된 쾌락들

그 존경이란 것에 대해 말해봅시다. 어느 누구에게도 전혀 도움이 되지 않는, 수많은 무의미한 행동들에 중요성을 부여하는 것도 마찬가지로 바보스러운 일 아니겠습니까? 모자를 벗거나 무릎 꿇는 것을 본다고 해서 진정한 쾌락을 얻을 수 있습니까? 그렇게 하면 무릎에 생긴 류머티즘이 낫거나 부족한 머리가 좀더 좋아집니까? 물론 이런 식의 억지 쾌락을 굳게 믿고 있는 사람들은 스스로 '귀족 계급'이라는 것을 빼기는 자들입니다.

현재의 귀족 계급이란 주로 땅을 소유함으로써 몇 세대에 걸쳐 부자로 행세해온 가문에 우연히 속해 있다는 것을 뜻할 뿐입니다.

토지 따위의 재산을 전혀 상속받지 못했거나, 상속을 받아 모두 탕진해버린 경우에도 그들은 언제나 '고귀한' 척하려고 합니다.

그리고 이와 유사한 또 다른 유형의 사람들에 대해 언급했는데, 바로 보석을 무척이나 애호하는 사람들입니다. 그들은 만약 보기 드문 보석, 그중에서도 당시에 자기 나라에서 각별히 값지다고 여기는 보석 —— 그런 종류의 물건들은 시대와 장소에 따라 그 가치가 달라집니다 —— 을 갖게 되면 마치 자신이 진짜 신이라도 된 듯이 행동합니다. 하지만 그는 그 겉모습에 속는 것을 끔찍이 두려워해서, 금도금을 벗겨낸 후 보석 알맹이를 꼼꼼히 살펴보기 전에는 절대 사려 하지 않습니다. 그렇게 한 다음에도 그 돌멩이가 진품이라는 보석상의 엄숙한 보증과 문서로 작성된 보증서가 없이는 절대 사지 않습니다.

하지만 여러분, 자신의 눈으로 진품인지 모조품인지 구별조차 못한다면 모조품이라고 해서 진품만큼의 쾌락을 주지 못할 까닭은 없는 것 아니겠습니까? 그렇다면 진품이든 아니든 아무런 차이가 없는 것입니다. 장님과 다를 바가 없지 않습니까!

자, 이제 그저 바라보며 즐기는 것 외에는 아무런 목적도 없고 또 필요도 없는 재산을 그토록 긁어모으는 사람들에 대해 말해보도록 합시다. 그들의 쾌락은 진정한 것일까요, 아니면 그저 환상에 지나지 않는 것일까요? 이들과 비교될 수 있는 정신병자는 금붙이를 땅속에 묻어 절대 사용하지 못하게 하고, 다시는 볼 수조차 없게 하는 자들입니다.

사실 그는 금붙이를 잃어버리는 것이 두려워 일부러 금붙이를 버리는 것입니다. 자신에게는 물론 타인에게도 전혀 도움이 되지 않는 땅속에 그것을 묻어둔다면 버리는 것이라고 할 수밖에 없지 않을까요? 그는 금붙이를 땅속에 처박아두고선 무척이나 행복해합니다. 이제는 아무 걱정하지 않아도 되니까요. 하지만 그 금붙이를 누군가가 훔쳐갔지만 그 사실도 모르는 채 10년 후에 죽었다고 생각해봅시다. 그는 10년 동안 금붙이들을 잃어버리지 않으려고 애썼지만, 그동안 그곳에 재물이 있었든 없었든 그에게는 아무런 차이도 없지 않았습니까? 어떤 경우였든 그 자신에게는 아무런 소용도 없었던 겁니다.

유토피아인들은 들어보긴 했지만 한 번도 해보지 않은 일종의 바보짓인 도박뿐만이 아니라, 사냥과 매사냥도 역시 어리석은 쾌락이라고 생각합니다. 그들은 탁자 위에 주사위를 던지는 것이 도대체 왜 재밌느냐고 반문합니다. 더 나아가 설사 처음엔 어느 정도 재미가 있었다 해도 그토록 자주 해왔다면 이젠 지겨워하고 있는 것이 분명하다는 거지요. 개들이 짖어대고 으르렁거리는 불쾌한 소리를 어떻게 즐길 수 있단 말입니까? 그리고 어째서 개가 다른 개를 쫓는 것보다 산토끼를 쫓는 것이 더 재미있는 것일까요? 만약 경주를 즐기는 것이라면, 두 가지 경우 모두 기본적으로 경주이지 않습니까? 또 어떤 동물이 갈기갈기 찢기며 죽어가는 걸 보는 것이 재미라고 한다면, 약하고 순해서 아무런 해도 끼치지 않는 조그마한 산토끼가 힘도 더 세고 사나운 짐승에게 먹히는 것을 보

**브뤼겔 | 눈 속의 사냥꾼들**

민중들의 생계 수단이었던 사냥은 유럽의 통치자와 귀족들에게
는 스포츠이자 놀이였다. 모어는 놀이로서의 사냥을 잔악한 쾌
락으로 보았다.

앉을 때는 가엾게 여기는 것이 더 적절한 반응이 아닐까요?

그래서 유토피아인들은 사냥을 자유로운 인간의 존엄성을 저하시키는 일이라고 여겨 전적으로 백정에게 일임합니다. 이미 말했듯이 백정은 노예입니다. 그들은 사냥을 가장 비열한 도살 행위로 여기지만, 그 외의 도축은 어느 정도 유용하고 존중할 만한 일이라고 생각합니다. 일반 백정들은 꼭 필요한 경우에만 매우 신중하게 도살을 합니다. 그러나 사냥꾼들은 자신의 즐거움을 위해 작고 불쌍한 짐승을 죽이고 사체를 훼손합니다.

유토피아인들은 짐승들 중에서도 천성적으로 사납거나 지속적으로 잔인한 놀이에 익숙해져 있는 경우 외에는, 이들처럼 피에 굶주린 부류는 찾아볼 수 없다고 합니다.


## 신체적 쾌락과 정신적 쾌락

이렇게 일반적으로 쾌락이라고 여겨지는 일들이 수백 가지나 있습니다. 하지만 유토피아에 거주하는 사람들은 누구나 이러한 일들에는 자연스러운 쾌락이 없으므로 진정한 쾌락과는 전혀 관계가 없다고 확신하고 있습니다. 현실적으로 대다수의 사람들이 이러한 일들을 즐기고 있으며, 그러므로 인정할 수 있을 만큼의 쾌락적인 요소가 있는 것이 아니냐고 강변한다 해도 그들의 확신은 전혀 흔들리지 않습니다. 그들은 이것이 임신부들이 가끔씩 미각을 잃어 꿀보다 쇠기름이나 송진을 더 맛있다고 느끼는 것처럼, 즐거운 일보다 불쾌한 일을 더 좋아하게 만들어버리는 나쁜 습관들 때문에 생겨난 주관적인 반응일 뿐이라고 말합니다. 하지만 아무리 습관이나 질병으로 인해 판단이 흐려진다 해도 쾌락의 본질은 모든 것들의 본질이 그렇듯이 변하지 않습니다.

그들은 진정한 쾌락을 정신적인 면과 육체적인 면 두 가지로 분류합니다. 사물에 대한 이해나 진실에 대한 명상을 통해 얻어지는 만족과 같은 것을 정신적인 쾌락이라고 합니다. 또한 참되게 살아온 기억과 앞으로 좋은 일이 있을 것이라는 확신에 찬 기대도 정신적인 쾌락에 포함됩니다.

육체적인 쾌락은 두 가지 유형으로 나뉩니다. 첫째로는 신체의 모든 기관을 확실한 즐거움으로 채워주는 것들입니다. 먹거나 마실 때와 같이 신체의 자연적인 열에 의해 연소될 물질들을 대체해줄 때 생기는 쾌락입니다. 또는 배설이나 성교와 같이 몸에 넘쳐나는 것들의 일부를 방출하거나, 문지르거나 긁어서 가려움을 해소하는 것과 같은 일입니다.

하지만 신체에서 필요로 하는 것을 충족시켜주거나, 불쾌감을 없애주는 것이 아닌 종류의 쾌락들도 있습니다. 그러한 것들은 신비스러우면서도 정확한 방법으로 우리의 감각에 직접적으로 작용하고 그 반응을 독점합니다. 음악으로 인한 쾌감이 바로 그러한 예일 것입니다.

육체적 쾌락의 두번째 유형은 신체가 평온하고 정상적으로 기능할 때, 다시 말하면 그 어떤 가벼운 질병도 없는 건강한 상태에서 발생합니다. 정신적인 불쾌감만 없다면, 이러한 상태에서는 외적인 쾌락의 도움 없이도 쾌감을 일으킵니다. 물론 이러한 쾌락은 먹고 마시는 것과 같은, 보다 생생한 기쁨보다 화려하지도 않고 그다지 주목받지도 못하지만, 그럼에도 불구하고 흔히 인생 최고의 쾌락으로 여겨지고 있습니다. 실질적으로 유토피아인들은 이러한 쾌락이 모든 다른 쾌락의 기반이므로 가장 중요한 쾌락이라는 데에 동의합니다.

이러한 쾌락은 그 자체만으로 인생을 즐길 수 있게 해주며, 이러한 쾌락이 없다면 그 외의 쾌락을 느끼는 것이 불가능합니다. 반면에 건강하지 않으면서 그저 고통을 느끼지 않는 상태는 쾌락이라 부르는 대신 마비라고 합니다.


## 한결같은 건강이 곧 최고의 쾌락이다

어떤 사상가들은 건강하다는 것은 그 반대인 질병 상태와 대비될 때에만 알 수 있는 것이므로, 변함없이 일정하게 유지되는 건강을 쾌락이라고 부르는 것은 적절하지 않다고 주장해왔습니다. 맞습니다. 그들은 이와 관련된 모든 문제를 철저하게 연구해왔습니다. 그러나 그들의 이론은 이미 오래전에 논파되었으며 요즈음에는 거의 모두가 세상에서 가장 확실한 쾌락은 건강이라는 견해에 의견을 같이하고 있습니다.

논증은 다음과 같이 이루어집니다. 즉 질병은 고통을 수반하며,

고통은 쾌락과 정반대의 상태이다. 그리고 질병은 건강과 정반대의 상태이다. 그러므로 건강은 쾌락이다. 그들은 질병 자체가 고통인지, 혹은 단순히 질병이 고통을 수반하는 것인지에 대해서는 고려하지 않습니다. 어떤 경우이든 그 결과는 동일합니다. 이와 마찬가지로 건강 자체가 쾌락인지, 혹은 불을 피우면 반드시 열이 나는 것처럼 당연히 건강이 쾌락을 만들어내는지를 따지는 것과 상관없이, 한결같이 건강한 상태는 논리적으로 언제나 쾌락이라고 여기는 것입니다.

더 나아가 그들은 무언가를 먹을 때 우리에게는 분명 다음과 같은 일이 일어난다고 말합니다. 곧 기운을 잃었던 건강은 음식물을 동맹군으로 맞이하여 배고픔이 일으킨 도발에 맞서 싸워 물리치기 시작합니다. 이 싸움은 점진적으로 확대되고, 건강한 본래의 힘을 되찾아가는 바로 그 과정에서 쾌감을 경험하게 되고, 또 그 쾌감이 매우 신선하다는 것을 알게 됩니다.

자, 이제 만약 건강이 실질적으로 전투를 즐기고 있다면, 승리 또한 즐겨서는 안 될 이유가 없는 것 아니겠습니까? 혹은 건강이 결국은 그 전에 지니고 있던 활력을 회복하게 되었는데 —— 건강은 줄곧 활력을 회복하기 위해 싸워왔습니다 —— 그 즉시 혼수상태에 빠져들어 자신의 성공을 인식하지도 못하거나, 그로 인한 이득을 취하지도 못하게 된 것이라고 생각해야 합니까?

반대되는 것이 없다면 건강을 의식할 수 없다는 생각을 그들은 전혀 수긍할 수 없다고 말합니다. 자신이 깊이 잠들어 있거나 실제로 병들어 있지 않다면, 누구든 기분이 좋다는 것을 명확하게 인식합니다. 가장 둔하고 무감각한 사람들조차도 건강하다는 것은 즐거운 것임을 인정할 것입니다. 그 즐겁다는 것이 무엇입니까? 바로 쾌락의 동의어가 아닙니까?

그들은 특히 정신적인 쾌락을 좋아합니다. 그들은 정신적인 쾌락이 가장 중요하다고 여기며, 주로 선행과 깨끗한 양심이 그 쾌락을 불러온다고 생각합니다. 그들이 선호하는 육체적인 쾌락은 건강입니다. 물론 먹는 기쁨, 마시는 기쁨들도 있다고 생각하지만, 그것은 오직 건강에 도움이 될 때만으로 한정합니다. 이러한 기쁨들은 그 자체로서 즐거운 것이 아니라 오로지 질병의 침입을 막아주는 수단이 될 때에만 기쁨이라고 여기기 때문입니다.

그들은 현명한 사람이라면 약을 먹는 것보다 알아서 건강을 지키는 것을 더 좋아하며, 다른 사람들의 치료를 받는 것보다 스스로 즐거운 마음을 갖는 것이 더 좋다고 말합니다. 이와 똑같은 원리로 그러한 쾌락에 탐닉하는 것보다 그러한 쾌락이 필요하지 않게 하는 게 더 좋은 것입니다. 만약 그러한 쾌락들이 행복을 준다고 생각한다면, 더 바랄 것이 없는 완벽한 행복이란 굶주림과 목마름과 가려움 그리고 먹고, 마시고, 문지르고, 긁는 등의 일들로 채워진 생활이라는 것을 인정해야 하기 때문입니다.

사실 그러한 것들은 분명히 무척 불쾌하고 역겨운 일입니다. 그러한 쾌락들은 절대로 즐길 수 있는 것도 아니며 불결한 것들이므로, 가장 저급한 쾌락으로 보아야 합니다. 예를 들어 굶주림의 고통은 먹는 쾌락을 누리게 해주지만, 쾌락보다는 고통이 더 심하기 마련입니다. 고통이 보다 더 격렬하고 보다 더 오래 지속되기 때문입니다. 고통은 쾌락보다 먼저 발생하여, 쾌락이 생기기 전까지 사라지지 않다가, 쾌락과 함께 사라지게 됩니다.

그러므로 유토피아인들은 꼭 필요한 경우 외에는 그러한 종류의 쾌락들을 중요하게 여기지 않습니다. 하지만 그들은 그러한 쾌락들도 기꺼이 즐깁니다. 그리고 인간이 생존을 위해 자주 해야만 하는 일들을 이처럼 즐겁게 행할 수 있도록 해준 '대자연'에 감사하고 있습니다. 만약 만성적인 질병에 걸렸거나 굶주리고 목이 마를 때도, 희귀한 질병에 걸렸을 때처럼 구역질 나는 약을 먹어야만 치료할 수 있다면 인생이 얼마나 끔찍하겠습니까!


## 유토피아인들이 어느 나라 사람들보다 아름다운 이유

유토피아인들은 아름다움과 강인함, 민첩함 등을 자연이 준 특별한 선물로 소중하게 여깁니다. 또한 그들은 인간에게만 주어진 보고 듣고 냄새를 맡는 등의 쾌락을 특별히 즐깁니다. 세상의 아름다움을 찬미하고, 먹이를 찾는 방법으로서가 아니라 향기 자체를 즐기며, 화음과 불협화음의 차이를 가려낼 줄 아는 동물은 인간밖에 없기 때문입니다. 그들은 이러한 일들이 삶에 활력을 가져다준다고 말합니다.

하지만 유토피아인들은 어떤 경우든 사소한 쾌락이 보다 큰 쾌락을 방해해서는 안 되며, 또 쾌락이 고통을 야기해서도 안 된다는 규칙을 준수합니다.

그들은 쾌락이 부도덕한 것일 경우 꼭 고통을 발생시킨다고 생각합니다. 그러나 그들은 신으로부터 보다 더 큰 쾌락으로 보상받기 위해 일부러 다른 사람이나 사회를 위해 일하는 경우 외에는, 자신들의 아름다움을 경멸하거나, 체력을 혹사시키거나, 민첩성을 둔화시키거나, 음식을 먹지 않아 신체를 망치거나, 건강을 해치거나, 그 외의 자연이 준 모든 선물들을 해치는 일은 상상조차 하지 않습니다.

그 누구에게도 도움이 되지 않지만 이상적인 미덕이라는 명목으로, 또는 절대 닥쳐오지도 않을 재난에 대비하여 자기 몸을 단련하기 위해 스스로에게 고통을 가하는 일은 어리석다고 생각하기 때문입니다. 그러한 행위는 단지 스스로를 망치는 것이며, 마치 무언가를 빚진다는 생각을 감당하기 어렵기 때문에 자연이 제공하는 모든 호의를 거부하는 것처럼, 대자연에 가장 배은망덕한 태도를 보이는 것일 뿐이라고 말합니다.

자, 이러한 것들이 바로 그들의 도덕론이며, 신의 계시가 없는 한 인간의 정신만으로 이보다 더 나은 도덕론을 만들어낼 수는 없을 것입니다. 지금 나는 그들의 생활방식을 설명하는 것일 뿐, 옹호하려는 게 아니므로 그들의 도덕론이 옳은지 그른지를 따지거나 정말 필요한 것인지를 논의할 필요는 없을 것입니다.

하지만 나는 한 가지 사실은 확신하고 있습니다. 여러분들이 그들의 생각을 어떻게 판단하든지 간에, 이 지구상에서 그들보다 번영한 나라와 그들보다 훌륭한 사람들은 찾아낼 수 없을 것입니다.

그들은 육체적으로 매우 활동적이며 원기 왕성하고, 작다고 할 수는 없지만 키에 비해 매우 힘이 셉니다. 그들의 토지는 그다지 비옥하지 않으며 기후도 그다지 좋은 편은 아니지만, 균형 잡힌 식품 섭취를 통해 열악한 기후에 대한 저항력을 길렀으며, 세심한 경작을 통해 토지의 척박함을 극복했습니다.

그 결과 그들은 모든 곡물과 가축의 생산 기록을 경신했으며, 평균 수명은 세계에서 가장 높으며 질병 발생률은 가장 낮습니다.

그들은 자연적으로는 거의 불모에 가까운 영토를 가졌으면서도 과학적인 방법을 활용하여 기적을 이룬 것입니다. 그렇다고 그들의 재능이 일상적인 농사에만 발휘되는 것은 아닙니다. 그들은 숲 전체를 다른 지역으로 옮기기까지 합니다.

경작지를 넓히기 위해서가 아니라 원목 운반을 쉽게 하기 위해 바다나 강 혹은 도시 가까운 곳으로 옮긴 것입니다. 일반 곡물과 달리 원목을 육로로 아주 먼 거리까지 수송하는 것은 쉬운 일이 아니기 때문입니다.

그곳 사람들은 훌륭한 유머 감각을 지니고 있으며 친절하고 총명합니다. 편안히 쉬는 것을 좋아하긴 하지만 필요할 때에는 어렵고 힘든 노동을 할 힘을 갖추고 있습니다. 그들은 꼭 필요한 경우 외에는 일하는 것을 그다지 좋아하지 않지만 머리를 쓰는 일에는 게으른 법이 없습니다.

## 유토피아인들에게 그리스 문학과 철학을 전하다

내가 그리스의 문학과 철학에 대해 말해주었을 때 ── 나는 그들이 로마의 문학이나 철학은 그다지 좋아하지 않을 것이라고 생각했습니다 ── 그들은 나의 지도하에 그리스 원문을 연구하고 싶다고 간곡히 부탁했습니다. 처음에는 훌륭한 성과를 기대해서가 아니라 거절하기 싫었기 때문에 그들을 가르치기 시작했습니다. 하지만 나는 얼마 지나지 않아 그들이 아주 열심히 공부하는 것을 보고 내 노력이 헛되지 않았다는 것을 알 수 있었습니다.

그들은 문자와 발음을 어렵지 않게 배웠으며, 매우 빨리 암기하고 너무나 정확하게 따라 읽었습니다. 만약 내가 그 강좌에 지원하여 정부의 허가를 받은 이들이 모두 뛰어난 지식을 갖춘 훌륭한 학자들이라는 사실을 모르고 있었다면, 기적적인 일이라고 생각했을 것입니다. 그들은 3년이 채 되기도 전에 그리스어를 완벽하게 익혔고, 원문에 오류가 없는 한, 훌륭한 저자들의 작품을 거침없이 읽을 수 있었습니다.

나는 그리스어가 그들과 잘 어울린다고 생각했습니다. 그들이 쉽게 배울 수 있었던 것도 이 때문입니다. 나는 그들이 그리스 혈통임이 틀림없다는 생각을 하지 않을 수 없었습니다. 그들의 언어가 어떤 면에서는 페르시아어와 비슷하지만 지명과 관직명에는 그리스어의 흔적이 남아 있기 때문입니다.[20]

---

20  실제로 유토피아의 고유명사 어원은 모두 그리스어에 있다.

나는 그들에게 몇 권의 그리스 원서를 선물했습니다. 네번째 항해를 떠날 때, 오랫동안 귀국하지 않을 계획이었기 때문에 엄청나게 커다란 트렁크에 거래할 상품 대신 책을 가득 넣어 배에 싣고 갔던 것입니다. 나는 그들에게 거의 모든 플라톤의 저서들과 그보다 많은 아리스토텔레스의 저서들, 그리고 식물학에 관한 테오프라스토스의 저서를 선물했습니다. 식물학에 관한 저서는 미안하게도 부주의하게 보관해서 원숭이의 손에 들어가는 바람에 상태가 조금 나빴습니다. 원숭이가[21] 책을 갖고 놀다가 몇몇 페이지를 뜯어내 갈기갈기 찢어버린 것입니다. 테오도루스의 문법책은 가지고 가지 않았기 때문에, 그들에게 줄 수 있었던 것은 라스카리스[22]의 문법책뿐이었고, 사전은 헤시키우스와 디오스코리데스[23] 것밖에 없었습니다.

그들이 아주 좋아하는 저자인 플루타르코스의 책과 무척이나 재미있다고 했던 루시안[24]의 책도 주었습니다. 시집으로는 아리스토파네스와 호머 그리고 유리피데스, 아 참, 알두스[25] 판으로 제작된

---

**21** 모어는 짐승을 좋아했다. 그래서 집에서 원숭이, 여우, 족제비 같은 동물을 길렀다.

**22** 라스카리스(Lascaris)의 『희랍문법』은 1476년에, 테오도루스(Theodorus)의 『희랍문법』은 1495년에 실제 출간된 문법책이다.

**23** 헤시키우스(Hesychius)는 5세기경 알렉산드리아의 학자로 1514년에 그의 『그리스사전』이 인쇄되었다. 디오스코리데스(Dioskorides)는 그리스의 약리학자로 『약물에 대하여』라는 저서가 있다.

**24** 루시안(Lusian)은 그리스 문학자 중 해학이 가장 뛰어난 작가였다.

**25** 알두스(Aldus)는 베네치아의 유명한 인쇄업자로 수많은 그리스와 라틴어 고전들을 출판하여, 이탈리아의 르네상스 정신이 유럽으로 확산되는 데 중대한 역할을 했다. 또한 당

소포클레스의 작은 시집도 주었습니다. 역사책으로는 투키디데스와 헤로도토스의 책을 주었고 헤로디아누스[26]도 당연히 선물했습니다.

친구인 트리시우스 아피나투스도 의학 서적들을 가져갔는데, 히포크라테스[27]의 짤막한 작품 몇 권과 갈렌[28]의 『의학 교본』이었습니다. 유토피아인들은 이 책들을 가장 소중하게 생각했습니다. 이 세상에서 그들보다 의학이 필요 없는 사람들도 없겠지만, 동시에 그들보다 더 의학을 존중하는 사람들도 없을 것입니다.

그들은 의학을 과학의 가장 흥미롭고 중요한 분야라고 생각합니다. 그리고 자연을 과학적으로 탐구하는 것은 가장 흥미로운 과정일 뿐만 아니라, 동시에 창조자를 즐겁게 해주는 최상의 방법이라고 생각합니다. 그들은 창조자가 예술가로서의 통상적인 반응을 보여줄 것이라고 생각하기 때문입니다. 경이로운 우주의 구조를 인간들에게만 드러내주고 나서 —— 그것을 살펴볼 줄 아는 동물

시의 인문학자들의 저서를 출간하는 데도 크게 기여했다.

26  헤로디아누스(Herodianos, 165~250)는 180년부터 238년까지의 『로마황제사』를 저술했다.

27  히포크라테스(Hippocrates, 기원전 460?~337?) 의학의 아버지로 일컬어지는 의학자. 의학 연구자로서 의학의 발달뿐 아니라 의사의 윤리와 이상에 영향을 미친 의학 철학자이기도 하다. 『히포크라테스 전집』 등 그의 저술은 모어 시대에 영어로 번역되어 그 가치를 인정받고 있었다.

28  갈렌(Galen, Galenus, 131?~201?)은 소아시아 페르가몬에서 태어나 로마에서 개업한 명의로, 아우렐리우스 황제와 그의 아들 코모두스의 시의를 지냈다. 그는 의학, 철학, 수학 등에 많은 저작을 남겼으며, 특히 『갈레누스 전집』은 히포크라테스의 저서들과 함께 의학계에 지대한 공헌을 했다.

**1495년경 베네치아의 알두스 인쇄소 전경**

이 시기에는 인쇄술이 획기적으로 발달하여 전 유럽의 인문학
발전에 큰 영향을 미쳤다.

은 인간밖에 없기 때문입니다 —— 창조자는 틀림없이 이토록 경이로운 장관을 보고도 그 놀라운 구조를 알지 못해 감탄하지 못하는 하등동물 같은 자들보다, 조심스럽게 살펴보고 진심으로 자신의 작품을 경배하는 사람들을 더 좋아할 것입니다.

유토피아인들은 잘 훈련된 지력을 과학적인 탐구에 적용하여 일상생활에 유용하게 쓰일 도구들을 놀라운 솜씨로 창조합니다. 하지만 비록 명예는 모두 그들에게 돌아가야겠지만, 두 가지 발명품은 우리의 도움을 받은 것입니다. 우리 일행이 알두스가 인쇄한 책들을 보여주며 인쇄와 제지술에 대해 약간 이야기해주자 —— 그다지 많이 알고 있지 못했으므로 적절히 설명해줄 수는 없었습니다만 —— 그들은 즉각 그 과정에 대한 명민한 가설을 세웠습니다. 그 무렵까지 그들은 양피나 나무껍질, 혹은 갈대에 글씨를 썼지만 이제는 종이를 만들고 인쇄기로 인쇄를 하고 있습니다.

처음부터 완벽하게 성공한 것은 아니지만, 반복된 실험을 통해 두 가지 기술을 완벽하게 습득했습니다. 원서만 부족하지 않았다면, 그들은 원하던 모든 그리스 책들을 가질 수 있었을 것입니다. 그들이 갖게 된 그리스 책들은 앞에 언급했던 것들뿐이었지만, 그 책들은 이미 수천 부를 인쇄하여 갖고 있습니다.

그들은 자신들에게 추천할 만한 특별한 재능이 있거나, 많은 여행을 통해 여러 나라들에 대해 잘 알고 있는 외국인 여행자를 적극적으로 환영합니다. 그들은 세계 여러 나라에서 벌어지고 있는 일들에 대해 알고 싶었기 때문에 우리 일행을 환대했던 것입니다.

그러나 상인들이 드나드는 경우는 많지 않습니다. 대부분의 상인들이 팔고 싶어 하는 금이나 은과는 별개로, 유토피아에서는 오직 철만을 수입하기 때문입니다. 물품을 수출하는 경우에도, 그들은 외국인들을 불러들여 수출품을 가져가게 하기보다 그들이 직접 운송해주는 것을 더 좋아합니다. 그렇게 함으로써 외부 세계에 대한 견문을 더 넓힐 수 있으며, 항해술도 시험해볼 수 있기 때문입니다.

## 명예로운 안락사를 허용하는 유토피아

앞서 이따금씩 언급했던 노예들에 대해 말씀드리자면, 그들은 여러분들이 짐작하시는 것과는 달리 전쟁 포로들도 아니고, 세습 노예도 아니며, 외국에서 사들인 노예들도 아닙니다. 노예들은 유토피아의 죄인들과 외국의 사형수들 —— 이들이 대부분을 차지합니다 —— 입니다. 일반적으로는 값을 치르지 않지만 때로는 아주 적은 돈을 지불하고 사형수들을 데리고 옵니다.

노예들은 모두 사슬에 묶여 중노동을 하지만, 유토피아 출신은 외국 노예들보다 더 나쁜 대우를 받습니다. 그렇게 하는 이유는 최고의 교육과 철저한 도덕 훈련의 혜택을 받고 자란 사람이 범죄를 저질렀다는 것은 더욱 비난받아야 할 일이며, 따라서 처벌도 보다 더 가혹해야 한다고 생각하기 때문입니다.

또 다른 유형의 노예는 외국의 노동자들인데, 그들은 자기 나라에서 가난에 찌들어 살기보다 유토피아에서 노예로 살기로 자원한 사람들입니다. 이러한 사람들은 노동에 익숙해져 있기 때문에, 좀 더 열심히 일해야 한다는 것 외에는 유토피아 시민들과 거의 같은 수준의 대우로 존중해줍니다. 흔히 있는 일은 아니지만, 만약 그들이 돌아가기를 원한다면 언제든 유토피아를 자유롭게 떠날 수 있으며 일정한 사례금도 받게 됩니다.

앞서 말했듯이, 누군가 질병에 걸리게 되면 유토피아인들은 환자를 극진히 간호해주고, 회복에 도움이 되는 것이라면 약이나 특별한 음식 등 무엇이든 제공합니다.

불치병에 걸린 환자의 경우 간호사들이 곁에 앉아 이런저런 이야기를 나누며 편안하게 해주며, 고통을 완화시켜줄 수 있는 모든 처방을 해줍니다. 하지만 고칠 수 없는 병인데다가 극심한 고통을 계속 겪어야만 하는 경우에는 성직자와 공무원들이 그 환자를 찾아가 다음과 같은 이야기를 해줍니다.

"솔직히 말해서 당신은 다시는 정상적인 생활을 할 수 없습니다. 당신은 다른 사람들에게 불편을 끼치는 존재일 뿐이며 자신도 힘들기만 합니다. 사실 당신은 거의 죽은 것과 다를 바 없는 생활을 하고 있습니다. 그렇다면 계속 병균을 기르고 있을 이유가 없지 않겠습니까?

이제는 자신의 삶에 고통만이 남아 있는데 왜 죽음 앞에서 머뭇거리고 있습니까? 고문실에 감금되어 있는 것과 다름없는데 왜 도망쳐서 더 나은 세계로 가려 하지 않습니까?

그렇게 하실 생각이 있다면 당신을 고통에서 구해줄 준비를 해 드리겠습니다. 당신의 죽음은 자연스러운 일입니다. 그리고 성직 자는 신의 말씀을 대신 전하기 때문에 성직자의 충고를 따르는 것 은 경건한 행위입니다."

만약 환자가 이러한 권유를 받아들이게 되면 스스로 굶어 죽거 나, 제공된 수면제를 먹고 아무런 고통 없이 비참한 상태에서 벗어 나게 됩니다. 하지만 이러한 일은 전적으로 자신의 의사에 따르게 되어 있으므로, 환자가 살기를 원한다면 누구나 전과 같이 따뜻한 보살핌을 받습니다.

공인된 안락사는 명예로운 죽음으로 존중됩니다. 그러나 성직자 나 트라니보루스가 적절하지 않다고 생각하는 이유들로 자살하게 되면 매장이나 화장을 할 수 있는 권리를 박탈당하게 되며, 시체는 아무런 장례의식도 없이 연못에 던져버립니다.[29]


## 결혼, 선택은 냉정하되 신의 성실의 의무를 다한다

여자들은 18세가 되어야 결혼할 수 있고, 남자들은 4년을 더 기 다려야만 합니다. 혼전 성교의 죄를 범한 남녀는 누구든지 엄중한 처벌을 받으며, 시장이 그 처벌을 취소하지 않는 한 결혼할 수 있

---

**29** 기독교 신자인 모어가 안락사를 긍정하고 있는 점은 특기할 만한 일이다. 안락사를 긍 정적으로 본 소크라테스, 플라톤, 스토아 철학의 영향을 받은 것으로 보인다.

는 자격을 영원히 상실하게 됩니다. 혼전 성교가 발생한 가정을 관리하고 있는 부부 역시 자신들의 의무를 다하지 못한 것이므로 공개적인 망신을 당합니다. 유토피아인들은 이러한 종류의 일은 특히 엄격하게 다룹니다. 만약 결혼 관계 외의 성관계를 신중하게 막지 못한다면 결혼 —— 결혼이란 같은 사람과 평생을 함께 보내며 결혼 생활에 포함된 온갖 불편함을 참는 것입니다 —— 하려는 사람은 거의 없을 것이라고 생각하기 때문입니다.

결혼하려고 생각할 때, 비록 그들은 진지하게 여기는 일이지만, 우리의 눈에는 정말 어리석어 보이는 일을 합니다. 신부가 될 여자는 처녀든 과부든 간에 존경할 만한 기혼 부인의 입회하에 신랑이 될 남자에게 자신의 벌거벗은 몸을 보이며, 신랑의 보호자는 신랑이 될 남자의 벗은 몸을 신부에게 보여줍니다.

어이없는 풍속이라 생각한 우리가 웃음을 터뜨리자, 그들은 즉시 우리의 풍속을 꼬집었습니다.

"우리는 다른 곳에서 벌어지고 있는 결혼 절차를 정말 이상한 것이라고 생각합니다. 당신들은 말을 살 때, 기껏해야 돈 몇 푼을 주는 것인데도 무척이나 조심스럽게 따져봅니다. 말은 이미 벌거벗고 있는데도, 안장을 비롯한 마구들을 모두 벗겨내고 그 밑에 혹시 상처라도 있는지 확인하고, 그러기 전에는 절대로 사려고 하지 않습니다.

그런데 아내를 선택할 때는, 좋든 싫든 평생 지켜야 할 약속을 맺는 일임에도 불구하고, 믿을 수 없을 정도로 주의를 기울이지 않

174

습니다. 옷을 벗겨볼 생각조차 하지 않습니다. 기껏 눈으로 확인할
수 있는 조그마한 얼굴만 보고 그 여자를 모두 파악했다는 듯 결혼
을 진행시킵니다. 그녀의 실제 모습을 보게 되었을 때, 정말 마음
에 들지 않는 부분을 발견할 수도 있다는 위험을 감수하면서 그렇
게 합니다.

당신들이 오로지 도덕적인 심성만을 중요하게 생각한다면 전혀
걱정할 필요는 없겠지요. 하지만 우리는 그럴 만큼 현명하지도 않
으며, 또 현명하다고 해도 결혼했을 때 가끔은, 아름다운 신체가
아름다운 영혼을 더욱 아름답게 해줄 수 있다는 것을 발견합니다.
옷은 분명 헤어질 수 없는 상황이 될 때까지, 남편을 기분 나쁘게
만들 수 있는 육체적인 결함을 쉽게 감춰줄 수 있을 것입니다.

결혼한 후에는 아내가 보기 흉하게 되었다 해도 남편은 당연히
자신의 운명을 받아들여야 합니다. 하지만 거짓된 꾸밈으로 인해
맺어지는 결혼에 대해서는 어느 정도의 법적인 보호가 분명히 필
요합니다."

주변의 다른 나라들과는 달리 그들은 엄격하게 일부일처제를 지
키고 있기 때문에 유토피아인들의 입장에서는 일정 정도의 예방책
이 필요한 것입니다. 대부분의 부부는 오직 죽음에 의해서만 헤어
지는데, 간통이나 견디기 힘든 악행을 저지르는 경우는 예외입니
다. 이럴 경우 결백한 사람은 의회로부터 다른 사람과 결혼할 수
있는 허락을 얻어낼 수 있습니다. 잘못을 저지른 사람은 망신을 당
하고 평생 독신으로 살아야 하는 처벌을 받습니다.

그러나 본인의 과실로 생긴 것이 아닌 육체적인 결함을 이유로 남편이 아내와 이혼하는 것은 절대로 허용되지 않습니다. 따뜻한 보살핌이 가장 필요한 시기에 아내를 버리는 잔인함은 논외로 하더라도, 이러한 식의 일들이 허용되면 노년에 이른 사람들에게 보장해줄 수 있는 것이 전혀 없다고 생각하기 때문입니다. 노년기에는 여러 가지 질병들이 생길 뿐만 아니라, 늙는 것 자체가 질병입니다.

하지만 가끔 남편과 아내 모두 다른 배우자를 만나면 보다 더 행복할 수 있다고 생각하는 경우, 성격이 맞지 않는다는 것을 근거로 상호간의 합의하에 이혼이 허용되기도 합니다. 그러나 이 경우에는 트라니보루스 부부의 철저한 심사를 거친 다음에만 얻을 수 있는 특별한 허가가 필요합니다. 쉽게 이혼할 수 있다고 생각하게 되면 결혼제도를 약화시킬 수 있기 때문에, 철저한 심사를 거친 후에도 이러한 허가의 승인은 신중하게 합니다.

간통죄를 범한 사람들은 가장 힘든 노역형에 처해집니다. 간통한 사람들이 모두 기혼자들일 경우, 상처를 입게 된 배우자들은 만약 그들이 원한다면 이혼할 수 있으며, 그들끼리 결혼을 하거나 자신들이 선택한 사람과 결혼할 수 있습니다.

하지만 죄를 범한 배우자를 변함없이 사랑한다면, 그에게 부과된 노역을 함께 수행한다는 조건으로 결혼 관계를 유지하도록 허용합니다. 이런 경우에 가끔은 죄를 범한 배우자의 뉘우침과 피해자의 충절에 감동한 시장이 두 사람을 자유롭게 석방해주기도 합니다. 그러나 다시 한 번 더 죄를 범할 경우에는 사형이 선고됩니다.


## 규정된 법이 아니라 사례별로 적절한 형벌을 결정한다

이런 경우 외에는 법률적으로 확실하게 규정되어 있는 형벌은 없으며 개별적인 경우에 따라 의회에서 적절한 형벌을 결정합니다. 저지른 범죄가 너무 심할 경우, 공공의 도덕을 지키기 위해 당국이 다루어야 하는 경우 외에는, 남편이 아내에게, 부모가 자녀에게 벌을 주어야 할 책임이 있습니다.

중요 범죄에 대한 일반적인 형벌은 노예로 만드는 것입니다. 그들은 죄수들을 노예로 삼는 것이 사형에 처하는 것만큼이나 고통스러운 일이며, 또한 즉시 처형해버리는 것보다 사회를 위해 더욱 유익하다고 말합니다. 살아 있는 노동자가 죽은 사람보다 소중하며, 보다 더 지속적인 억제 효과도 있기 때문입니다. 하지만 죄수가 이러한 처우에 저항하거나 형무소의 규율을 따르지 않을 경우 짐승처럼 처형됩니다.

그러나 이러한 처분을 받아들인 죄수들의 미래는 완전히 절망적이진 않습니다. 만약 몇 년에 걸친 고된 노역을 통해 자기 스스로에게뿐만 아니라 자신이 저지른 일에 대해 진정으로 뉘우치는 태도를 보이면, 시장의 재량이나 시민들의 투표를 통해 형기를 감해주거나 취소시켜줄 수 있습니다.

범죄를 사주하려다 실패한 자도 실제로 사주한 자와 마찬가지로 엄격한 벌을 받습니다. 이것은 그 외의 모든 범죄에도 동일하게 적용됩니다. 고의로 범죄를 저지르려고 시도했던 자는 법적으로 범죄를 실행한 것으로 간주됩니다. 유토피아인들은 범죄에 성공하지 못한 것은 그의 탓이 아닌데, 실패했다고 해서 그에게 관용을 베풀 수는 없다고 주장합니다.

그들은 정신적인 결함이 있는 사람들을 무척 좋아하는데,[30] 그런 사람들을 모욕하는 것은 아주 나쁜 행위지만, 그런 사람들의 우스꽝스러운 행동을 보고 즐기는 것은 지극히 당연하다고 생각합니다. 사실 그렇게 하는 것이 정신지체자들을 위해 더 좋은 일이라고 생각합니다.

그들의 말이나 행동을 즐길 만한 유머 감각도 없다면, 그들을 제대로 돌봐줄 수 없는 사람이라고 생각하기 때문입니다. 정확히 말하자면, 그런 사람들이 지닌 유일한 재주인 어리석은 행동을 즐거움의 소재로 받아들이지 못한다면, 절대로 그들을 친절하게 대해줄 수 없기 때문입니다.

하지만 만약 여러분들이 못생겼거나 불구인 사람을 조롱한다면, 그곳의 모든 사람들은 여러분들을 조롱할 것입니다. 자신의 힘으로는 도저히 피할 수 없는 결점을 욕하는 것이므로 정말 엄청난 바보짓을 한 것입니다.

---

**30**  모어는 실제로 헨리 페이튼슨이라는 정신지체자를 보호하고 있었다. 모어는 사회적인 약자를 보살피고 보호하라는 기독교 정신에 입각하여, 자신의 권리를 정당하게 행사할 수 없는 이들에 대한 사회적인 보호를 강조하고 있는 것이다.

유토피아인들은 자신이 지닌 본래의 아름다움을 간직하기 위해 노력하지 않는 자를 무척 게으른 자로 생각지만, 겉치레로 꾸미는 것은 절대 받아들이지 않기 때문입니다. 그들은 경험을 통해 남편들이 아내에게 기대하는 것은 육체적인 아름다움이 아니라 겸손함과 자신들을 존중하는 태도라는 것을 알게 되었던 것입니다. 남자들을 사로잡는 데는 아름다운 얼굴만으로 충분하겠지만, 사랑을 유지하는 데는 남다른 성격과 성품이 필요한 것입니다.

## 가장 자연스러운 판단이 가장 옳은 판단이다

유토피아에는 범죄를 억제하는 제도뿐만이 아니라 공적인 상을 통해 선행을 장려하는 제도도 있습니다. 예를 들면, 그들은 사회를 위해 뛰어난 공헌을 한 사람들의 동상을 시장 안에 세워놓습니다.

그런 사람들이 이룬 업적을 기념하기 위해서이기도 하지만, 앞선 세대의 영광을 되새겨볼 수 있게 하여 미래를 이끌어갈 세대들의 분발을 이끌어내기 위해서입니다.

하지만 스스로 공직에 선출되기 위해 애쓰는 사람들은 관직을 차지할 자격을 영원히 얻지 못합니다. 공직자들은 절대로 거들먹거리거나 위압적인 태도를 보이지 않기 때문에 사회적인 관계는 누구라 할 것 없이 화기애애합니다.

공직자들은 보통 '아버지'라고 부르며 그들 역시 이러한 호칭에 걸맞은 행동을 합니다. 모든 사람들이 어느 정도의 존경심을 품고 공직자들을 대하는데, 그것은 누가 강요했기 때문이 아닙니다. 시장도 특별한 머리 장식 같은 것을 하지 않고 옷도 다른 사람들과 같은 것을 입고 생활합니다. 마치 대주교가 가느다란 초를 들고 다니듯이, 시장은 한 다발의 곡식을 들고 다니는 것으로 자신의 관직을 드러냅니다.

유토피아에는 법률이 거의 없습니다. 그들의 사회제도는 법률이 거의 필요하지 않기 때문입니다. 사실은 그들이 품고 있는 가장 큰 불만 중 하나는 바로 이미 수많은 법률서와 법률 해석서를 갖고 있는 나라들이 여전히 만족스럽게 보이질 않는다는 점입니다.

유토피아인들의 생각으로는, 보통 사람들이 한눈에 읽지 못할 정도로 길거나, 이해할 수 없을 정도로 어려운 법률을 이용해 사람들을 얽어매는 것은 매우 부당한 일이기 때문입니다.

더 나아가 유토피아에는 넘쳐날 정도로 많은 개별적인 사건과 법조문에 정통한 법률가는 없습니다. 그들은 각 개인들이 소송 사유를 직접 진술하고, 변호사에게 해야 할 이야기는 판사에게 직접 하는 것이 더 나은 방법이라고 생각합니다.

그런 상황에서는 문제점이 모호해지는 경우가 거의 없기 때문에 진실을 쉽사리 파악할 수 있습니다. 변호사에게 배운 거짓말을 늘어놓는 사람이 없다면 판사는 자신의 모든 능력을 사건의 진상을 밝히는 데 발휘할 수 있고, 그렇게 하면 교활한 자의 비양심적인 공격으로부터 정직한 사람들을 보호할 수 있기 때문입니다.

다른 나라들에서는 고려해야 할 복잡한 법률들이 많기 때문에 이러한 제도가 효과적으로 운영되지 않을 것입니다. 하지만 유토피아에는 법률이 거의 없으며, 또 가장 자연스러운 해석을 언제나 옳은 것으로 간주하기 때문에 모든 사람들이 법률 전문가입니다.

그들은 사람들에게 마땅히 해야 할 바가 무엇인가를 일깨워주는 것이 법률의 유일한 목적이므로, 그 해석이 까다로울수록 그것을 이해하는 사람이 상대적으로 적어지고 그 효과도 더욱 떨어질 것이라고 합니다. 반면에 단순하고 명백한 의미는 누구나 쉽게 이해할 수 있습니다.

그 사회의 대다수를 형성하고 있으며, 법률이 지향하는 바를 가장 잘 알고 있어야 하는 하층계급의 관점에서 본다면, 법률을 만든 다음 전문적인 논의를 수없이 거친 후에야 적용할 수 있는 법률이라면 전혀 만들지 않는 것이 좋을 것입니다. 생업에 종사하기에도 바쁜 대부분의 시민들에겐 이러한 연구를 할 시간도, 정신적인 능력도 없기 때문입니다.[31]

유토피아 사람들이 갖추고 있는 훌륭한 자질을 활용하기 위해 몇몇 이웃 국가들은 1년 혹은 5년 단위로 정부 관리의 파견을 요청하고 있습니다. 물론 당연히 국가의 정책을 국민 스스로 결정하는 자유가 보장된 나라에서만 그러한 요청을 합니다. 유토피아 사람들은 이미 오래전에 대부분의 주변 국가들을 독재정치로부터 자유

---

[31] 모어 자신이 변호사 자격증이 있는 법률가이면서도 영국과 유럽의 복잡한 법률을 비꼬고 있는 것이 흥미롭다.

롭게 해주었습니다.

정해진 의무 기간이 만료되면 파견되었던 관리들은 온갖 명예와 존경을 받으며 송환되며, 다른 유토피아 사람이 그의 임무를 대신하게 됩니다. 한 국가의 복지는 전적으로 행정관료의 자질에 달려있으며, 유토피아 사람들이 그 일에 가장 적합하다는 것이 분명하므로, 그렇게 운영하는 것이 해당 국가의 입장에서는 매우 효율적인 방식입니다. 곧 돈이 아무 소용없는 고국으로 돌아갈 것이므로 유토피아 사람들은 뇌물에 매수되어 부정한 일을 저지르지 않습니다. 그리고 현지에 아는 사람들이 전혀 없으므로 개인적으로 좋고 나쁜 감정에 따라 잘못된 결정을 내리는 일도 없습니다.

사적인 편견과 금전적인 탐욕은 법정을 위협하는 가장 큰 두 가지 죄악이므로 이러한 자질들은 특히 판사에게 중요한 것입니다. 이러한 죄악이 한번 기세를 떨치게 되면 이내 모든 정의를 파괴하므로 사회를 무력하게 만들어버립니다.


## 그들은 왜 조약을 맺지 않는가?

유토피아인들이 '동맹국'이라고 부르는 나라는 그들이 행정관들을 파견하는 나라를 뜻합니다. '우호국가'는 그 외의 방법으로 도와주었던 나라를 뜻합니다. 하지만 끊임없이 조약을 체결하고, 파기하고, 갱신하는 나라들과는 달리 유토피아인들은 실제로 이러한 조약을 체결한 적이 없습니다.

그들은 반문합니다. '그러한 조약이 무슨 소용이 있는가? 인간들은 이미 자연적인 동지가 아닌가? 그리고 만일 그와 같은 기본적인 유대관계를 무시하기로 했다면, 단순한 언어적인 형식에 그토록 집착할 필요도 없지 않은가?'

그들이 속해 있는 지역의 왕들이 조약과 협정을 그다지 성실하게 준수하지 않기 때문에 그러한 견해를 갖게 된 것입니다.

물론 유럽에서는, 특히 기독교권 국가들에서는 일반적으로 조약을 신성하며 해칠 수 없는 것으로 여깁니다. 그것은 우리의 왕들이 선하고 정의롭기 때문이기도 하고, 또한 그들이 교황[32]을 경외하기 때문이기도 합니다.

잘 아시다시피 교황들은 그 자신이 가장 종교적인 의무들을 수행할 뿐만 아니라, 모든 통치자들에게 무슨 일이 있든지 약속은 지켜야 한다는 명령을 내리고, 그렇게 하지 않는 통치자는 누구를 막론하고 교서를 통해 통렬히 비난합니다. 교황들은 그러한 문제에 있어 약속을 저버리는 것은 이른바 '믿음에 충실한 자들'에게 있어서 가장 나쁜 일이라고 생각하며, 또 그 생각은 전적으로 옳은 것입니다.

그러나 지역적인 측면은 물론, 사회적이나 도덕적인 면에서도 우리와 정반대에 위치한 그곳에서는 조약을 전혀 신뢰할 수 없습

---

**32** 교황 율리우스 2세를 풍자하고 있다. 15세기 초 유럽은 영토를 넓히기 위해 적국과 동맹국이 수시로 바뀌는 정치적 배신 행위가 난무했고, 교황은 자신의 통치권을 넓히기 위해 각 나라의 힘의 균형을 교묘하게 이용했다.

**라파엘로 | 교황 율리우스 2세**

그는 교황령의 확보에 가장 열성적이었다. 베네치아를 공격하기
위해 프랑스, 에스파냐, 신성로마제국과 동맹을 맺었고, 프랑스
를 견제하기 위해 에스파냐와 신성동맹을 맺기도 했다.

니다. 조약은 근엄하게 체결되면 될수록 더욱 빨리, 단순히 문맥 상의 허점을 찾아내는 것만으로도 파기돼버립니다. 실제로 그러한 허점을 일부러 원문에 삽입해두는 경우가 많기 때문에 그 약속이 아무리 단단하게 보여도 언제든 교묘히 빠져나올 수 있고, 따라서 조약과 신뢰를 동시에 무너뜨릴 수 있는 것입니다.

이러한 외교는 명백히 부정직한 것입니다. 왕에게 이러한 속임 수를 가르쳐주었다는 것을 자랑으로 여기는 그자들이 만약 사적인 계약에서 똑같은 일이 벌어지고 있음을 발견하게 되면, 누구보다 먼저 나서서 신랄하고 독선적인 어조로 이런 계약은 신성을 모독 하는 것이며 죄악이라고 비난해댈 것입니다.

결국 정직이라는 것이 왕의 위엄과는 전혀 비교도 하지 못할 천 박한 미덕에 지나지 않는다는 뜻이지요. 그렇지 않으면 정직은 적 어도 두 가지 종류가 있는 셈입니다. 한 가지는 일반인들에게 적용 되는 것으로 언제나 밧줄에 묶여 있는 초라한 늙은 말과 같습니다. 다른 한 가지는 왕들을 위해 마련된 것으로, 훨씬 더 많은 자유를 만끽할 수 있는 훨씬 고상한 동물입니다. 이 동물은 하고 싶은 것 을 마음대로 할 수 있습니다.

어쨌든 이것이 그 지역 국왕들의 처세술이며, 유토피아인들이 조약을 맺지 않는 이유입니다. 만약 유토피아인들이 유럽에 살았 다면 그들은 생각을 바꾸었을 것입니다. 하지만 성실하게 약속은 지키겠지만 원칙적으로는 조약 체결 자체를 인정하지 않을 것입니 다. 그들은 조약으로 인해 사람들이 서로를 자연스럽게 적으로 여기게 된다고 말합니다.

단지 자그마한 언덕이나 강 건너편에 산다는 사실만으로 인간적인 모든 유대관계를 단절시키는 것으로 가정하고, 그로 인해 서로를 파멸시키려는 시도를 금지하는 특별한 조약이 없을 경우에는 두 나라 간에 벌어질 적대 행위를 정당화해준다는 것입니다.

또한 이러한 조약이 체결되었다고 해서 그들이 우호적인 관계를 유지하는 것도 아닙니다. 조약을 기안한 사람들의 부주의로 충분한 금지 규정을 포함시키지 못했을 경우, 여전히 서로 약탈할 수 있는 권리를 갖고 있기 때문입니다.

유토피아인들은 이와 정반대의 견해를 갖고 있습니다. 그들은 아무런 해도 끼치지 않을 사람들을 적으로 여겨서는 안 된다고 생각합니다. 인간은 천성적으로 서로 조약을 맺고 있으므로 계약보다는 애정에 의해, 언어보다는 감성에 의해 더욱 효과적으로 결합될 수 있다는 것입니다.

## 전쟁을 통해 얻을 영광은 없다

이제 전쟁에 대해 말할 차례가 되었군요. 전쟁은 그들이 가장 싫어하는 일입니다. 그들은 인간이 세상의 그 어떤 하등동물보다 더 전쟁에 몰두하고 있지만 전쟁은 가장 비인간적인 행동 양태라고 말합니다. 사실 유토피아인들은 전쟁을 통해서 얻을 영광은 전혀 없다고 생각하는 지구상의 유일한 민족입니다.

물론 전쟁을 치러야 할 때가 되었을 때, 싸울 능력이 없으면 안 되기 때문에 남녀 모두 정기적인 군사 훈련을 받습니다. 하지만 스스로를 지키거나, 우방 국가의 영토에서 침략자를 쫓아내거나, 독재 정권의 희생자들을 해방시켜주는 —— 이런 경우는 인류애에 근거하여 압제받는 사람들을 가엾게 여기기 때문입니다 —— 경우 외에는 전쟁을 거의 하지 않습니다.

그러나 방어를 위한 전쟁만 하는 것이 아니라 침략 행위에 대한 보복 전쟁에도 '우방국'에 지원병을 파견합니다. 하지만 사전에 충분한 상의를 거쳤으며, 전쟁의 이유가 정당하며, 보상을 요구했지만 거절당해 전쟁밖에 다른 수단이 없을 경우에 한해서만 지원합니다. 그리고 전쟁 수행중의 작전은 전적으로 자신들의 책임하에 진행되도록 합니다.

정당한 전쟁의 이유에는 군대에 의한 강탈 이외의 것들도 포함된다고 생각합니다. 즉 불공정한 법 때문에, 혹은 법은 공정하지만 고의적으로 잘못 적용했기 때문에 외국에서 불공정한 대우를 받는 경우, 상인들의 권리를 보호하기 위해 보다 더 강경한 조치를 취하기도 합니다.

우리 일행이 유토피아에 도착하기 직전에, 알라오폴리타에[33]와 전쟁을 시작한 것도 바로 이러한 이유 때문이었습니다. 알라오폴

---

33  알라오폴리타에(Alaopolitae)는 눈멀다란 뜻의 'alaos'와 시민을 뜻하는 'polites'를 합성한 말로 '눈먼 사람들의 나라' 혹은 '암흑의 나라'라는 뜻이다.

리타에서 일하고 있던 네펠로게타에[34]의 상인들이 법적인 기만의 희생자가 되었기 때문에, 혹은 유토피아인들이 그렇게 생각했기 때문에 네펠로게타에에 군사적인 지원을 했습니다.

그들의 판단이 옳고 그름을 떠나 인접한 모든 국가들이 전쟁에 개입하게 되어 불행하게도 분쟁이 확산되었고, 결국 본격적인 전쟁이 되어버렸습니다.

전쟁이 끝났을 때, 몇몇 강대국들은 국력이 쇠하게 되었으며 그외의 나라들은 패망 직전까지 이르게 되었습니다. 알라오폴리타에의 경우 몇 차례의 참변을 겪고 나서 마침내는 항복했습니다.

유토피아인들이 전쟁에 참가한 동기에는 전혀 이해타산이 개입되지 않았으므로 아무것도 빼앗지 않았지만, 필적할 상대가 없는 강대국이었던 알라오폴리타에는 결국 네펠로게타에의 노예가 되었습니다.

이것을 통해, 유토피아 사람들은 금전적인 문제일지라도 우방국이 피해를 받았을 경우 신속하게 복수해준다는 것을 알 수 있습니다. 하지만 그들 자신이 받은 손해에 대해서는 무척이나 관대합니다. 유토피아의 상인이 속임수로 인해 물품을 빼앗겼지만 신체적인 상해를 입지 않았을 경우의 가장 강경한 대응책은 보상받을 때까지 그 관계국과 교역을 중단하는 정도입니다.

---

**34** 네펠로게타에(Nephelogetae)는 구름이라는 뜻의 'nephele'에서 나온 말로, '구름나라 사람들'이라는 뜻이다.

그렇다고 해서 자기 나라 사람들을 소홀히 여기는 것은 아닙니다. 다른 나라 사람들은 자신의 사유재산을 잃는 것이기 때문에 사기를 당할 경우 그 손해가 막심하지만 유토피아인들의 경우, 잃을 것이 전혀 없습니다.

그 손실은 국가가 떠안게 되기 때문입니다. 더구나 손실된 물품은 국내 수요를 충족시키고 남은 것들입니다. 그렇지 않을 경우엔 절대 수출을 하지 않기 때문입니다. 그래서 단지 아무런 소득도 얻지 못했다는 것 이상으로 고통을 느끼는 사람은 없습니다.

또 단 한 사람의 유토피아인의 삶에 혹은 그의 살림살이에 어떤 미미한 영향도 끼치지 않을 물건을 잃었다고 해서, 그에 복수하기 위해 많은 사람들을 죽이는 것은 잔인한 일이라고 생각합니다.

## 이성의 힘으로 차지한 승리만이 인간답다

하지만 시민 중 한 사람이 외국 정부나 외국인에 의해 신체적으로 불구가 되었거나 살해당했을 경우에는 전혀 다른 정책을 폅니다.

외교적인 채널을 통해 이런 사건이 있었다는 소식을 듣게 되면 그들은 즉시 전쟁을 선포합니다. 그 사건에 책임 있는 자들이 유토피아로 인도되지 않는 한, 그 어떤 타협도 받아들이지 않습니다. 그렇게 인도된 자들은 사형에 처하거나 노예로 만들어버립니다.

그들은 피 흘려 얻게 된 승리를 싫어합니다. 사실 그러한 승리를 무척 부끄럽게 여깁니다. 아무리 값진 것이라 해도 지나친 대가를 지불하는 것은 어리석은 일이라고 생각하기 때문입니다. 그들은 지혜로 적을 물리치는 것을 진정으로 자랑스럽게 여깁니다. 그런 승리를 거두었을 경우엔 개선 축하 행사를 열고, 영웅적인 공적을 기리기 위한 전승기념비를 세웁니다.

자, 이제 그들이 인간만이 지니고 있는 특별한 방법, 즉 이성의 힘으로 차지한 승리만을 인간다운 처신으로 여긴다는 것을 아시게 되었습니다. 그들은 어떤 짐승이든 몸으로 싸울 수 있다고 말합니다. 곰이나 사자, 산돼지, 이리, 개 등이 모두 몸으로 싸웁니다. 또한 대부분 인간보다 더 강하고 더 사납습니다. 하지만 인간을 그들보다 우월하게 만드는 것은 바로 이성이며 지적인 능력입니다.

그들이 전쟁을 하는 단 하나의 목적은 그 전에 시도한 평화적인 수단으로는 해결하지 못했던 것을 얻는 데 있습니다. 혹시 이러한 목적이 아니라면, 침략해온 자를 가혹하게 응징하여 다시는 그러한 일을 범하지 못하게 만드는 것입니다.

그들은 가능한 한 가장 신속한 방법으로 그 목적을 달성하려고 하지만 언제나 안전제일이라는 원칙을 지키며, 국가의 위신은 부차적인 문제로 여깁니다.

따라서 전쟁이 선포되면 그들은 즉시 비밀첩자들을 동원하여 적국의 영토 곳곳의 눈에 잘 띄는 장소에, 일제히 수많은 전단을 붙이도록 합니다.

유토피아 정부의 관인이 찍힌 그 전단에는 적국의 왕을 죽인 자에게, 막대한 상금을 준다는 내용이 씌어 있습니다. 또한 왕을 죽

였을 경우보다는 적지만, 왕을 추종하여 유토피아를 해치려는 정
책을 적극적으로 지지하는 자들 중 그 이름이 목록에 올라 있는 주
요 인사들을 죽인 자에게 엄청난 액수의 포상금을 제공한다는 내
용도 담고 있습니다.

그러한 자들을 생포해 오는 경우에는 죽였을 경우보다 2배의 포
상금을 지급합니다. 그리고 목록에 오른 자들 중에서 동료들을 배
반하고 유토피아에 귀순한 자에게도 동일한 액수의 상금을 제공하
고 처벌을 면해줍니다.

그렇게 하면, 목록에 올라 있는 자들은 인간의 형상을 하고 있는
모든 것에 의심을 품게 되어 즉각적인 효과가 나타납니다. 그들은
누구나 할 것 없이 서로를 믿지 못하게 되며, 서로에 대한 신뢰를
버리게 됩니다.

그들은 끊임없는 공포 속에서 살게 되는데, 그것은 아주 당연한
것입니다. 왕을 비롯한 모든 사람들이 가장 신임했던 자들로부터
배반을 당하는 일이 흔히 일어나기 때문입니다.

누구나 돈을 위해서라면 어떠한 짓이라도 저지르는 것이 현실인
데다가, 유토피아인들이 상금으로 비축해둔 자금은 무한정합니다.
배신자가 겪게 될 위험을 고려하여 그들은 매우 치밀하게 준비된
여러 가지 이익으로 보상해줍니다. 막대한 양의 금은 물론이고 안
전하고 우호적인 나라에 있는 값진 토지에 대한 소유권도 약속해
줍니다. 그리고 이러한 약속은 반드시 지킵니다.

적군에 대한 이런 식의 매수 작전은 일반적으로 비열하고 잔인

한 것이라고 비난받지만, 유토피아인들은 무척 자랑스럽게 여깁니다. 그들은 이러한 방법으로 대규모의 전쟁거리를 단 한 번의 전투도 없이 해결하는 것은 지극히 합리적인 일이며, 또한 몇 안 되는 죄인을 희생시켜 수천 명의 무고한 생명을 구하는 것이기 때문에 가장 인간적인 방법이라고 말합니다.

아군과 적군을 막론하고 전투 중에 죽어갈 모든 병사들을 배려하고 있는 것입니다. 자국민에 대해 걱정하는 것만큼이나 적국의 국민들에 대해서도 동정심을 품고 있기 때문입니다.

이성을 잃어버린 통치자로 인해 강제로 전쟁에 참여하지 않았더라면, 적국의 국민들은 절대로 전쟁을 시작하지 않았을 것임을 잘 알고 있는 것입니다.


## 오직 돈만이 자신의 주인인 용병들

이러한 방법이 실패하면, 유토피아인들은 적국 왕의 형제나 귀족들을 선동하여 왕위를 넘보도록 부추겨 내부에 불화의 씨를 뿌리고 또 키워나갑니다. 만약 내부 분쟁이 일어날 조짐이 보이면, 유토피아인들은 인접 국가에게 —— 왕이라면 언제나 가슴속에 담아두고 있는 —— 적국에 대한 오래된 권리를 주장하도록 만들어 전의가 불타오르게 합니다.

유토피아인들은 적국에 대한 권리를 주장하는 국가가 전쟁을 수행할 경우, 후원해줄 것을 약속하면서 엄청난 자금을 제공하고 극

**스위스 용병**

15세기의 전쟁에는 엄청난 규모의 용병들이 동원되었으며, 스
위스 용병은 유럽 전역에서 악명을 떨쳤다.

소수의 병력만을 파견하는 것으로 그 약속을 지킵니다.

그들은 서로를 너무나 아끼기 때문에, 단 한 명의 시민을 희생해서 적국의 왕과 맞바꿀 수 있다 해도 그렇게 하지 않습니다. 하지만 은이나 금은 흔쾌하게 내줍니다. 그렇게 하는 것이 금과 은을 비축해온 목적이며, 금과 은을 전부 쓴다 해도 생활 수준에는 아무런 차이도 없다는 것을 알고 있기 때문입니다.

게다가 그들은 국내에 있는 자본 외에도 외국에 막대한 자산을 소유하고 있습니다. 앞서 설명했듯이, 아주 많은 국가들이 그들에게 빚을 지고 있기 때문입니다.

따라서 그들의 전쟁은 대부분 용병들이 대신합니다. 그들은 용병을 세계 도처에서 모집해 오지만, 특히 유토피아에서 동쪽으로 약 2백 마일 정도 떨어진 곳에 있는 짜폴레타에[35]라는 곳에서 모집해 옵니다.

짜폴레타에 사람들은 자신들이 태어나고 자라난 야생의 숲이나 험한 산들처럼 무척이나 원시적이고 야만적입니다. 무척 강인한 그들은 더위나 추위, 그리고 그 어떤 육체적인 고통도 잘 견뎌냅니다.

그들은 즐겁게 사는 방법을 전혀 모르며, 농사도 전혀 짓지 않으며, 옷이나 집에 대해서도 아무런 관심을 갖지 않습니다. 가축을

---

**35** 짜폴레타에(Zapoletae)는 강조 접두어인 'za'와 판매라는 뜻의 'poletes'를 합한 것으로, '목숨을 즐겨 파는 사람들'이라는 뜻이다. 이 당시에는 스위스인들이 유럽 여러 나라의 용병으로 고용되었으므로, 스위스를 풍자한 것으로 보인다.

기르는 것은 별도로 하고, 그들의 주된 생활수단은 사냥과 도둑질입니다.

그들은 정말 오직 전쟁만을 위해 태어난 사람들처럼 보입니다. 언제나 참전할 전쟁터를 찾고 있으며, 기회가 포착되면 즉시 수천 명이 달려가 병사를 필요로 하는 자에게 적은 돈을 받고 봉사합니다. 목숨을 빼앗는 것이야말로 그들이 유일하게 알고 있는 생계 수단이기 때문입니다.

그들은 고용자를 위해 매우 충성스럽게, 성심껏 싸우지만 언제까지 그렇게 할지는 보장할 수 없습니다. 적군이 좀더 많은 돈을 지불한다면 그들은 다음 날 당장 적국 측에 가담할 것이고, 다시 이쪽이 조금 더 지불한다면 모레는 다시 돌아온다는 생각으로 전쟁에 참전하기 때문입니다.

전쟁중인 양측의 군인들이 대부분 짜폴레타에 병사들이 아닌 전쟁은 찾아보기 어렵습니다. 그러니 어떤 일이 일어나고 있을지 충분히 상상할 수 있을 것입니다.

한 가문의 두 사람이 같은 군대에 편입됩니다. 잠시 동안 그들은 가장 절친한 친구로 지냅니다. 하지만 그 다음엔 양쪽으로 갈라져 마치 숙명적인 원수라도 되는 것처럼 싸웁니다. 혈연이나 우정 따위는 모두 잊고 서로의 목을 자르기에 여념이 없습니다.

서로를 파멸시키고 있는 유일한 동기는 양측의 왕들이 약간의 돈을 더 준다는 사실뿐입니다. 그들에게 있어 돈이란 그만큼 소중한 것이며, 일당으로 약간의 돈을 더 받을 수만 있다면 스스럼없이 적군 진영으로 가버립니다.

하지만 그처럼 탐욕의 유혹에 발 빠르게 굴복하면서도 얻는 것은 아무것도 없습니다. 그렇게 피를 흘리며 번 돈을 방탕한 생활을 하면서 가장 더러운 방식으로 탕진해버리기 때문입니다.

유토피아인들이 가장 많은 돈을 지불하기 때문에, 그들은 유토피아를 위해서라면 이 세상의 어떤 민족과도 싸울 것입니다. 유토피아인들은 좋은 사람을 고용하기 위해 노력하는 것만큼이나 나쁜 사람을 찾아내 이용하는 데도 열성을 기울입니다. 그래서 필요할 때에는 엄청난 상금으로 짜폴레타에인들을 유혹하여 처절한 전투에 투입합니다.

하지만 그들 대부분은 살아 돌아오지 못하므로 자신의 몫을 요구하는 것조차 못합니다. 하지만 살아 돌아온 자에게는 다음에도 비슷한 위험을 감수할 만한 가치가 있다는 생각이 들도록 언제나 넉넉한 포상금을 지불합니다.

유토피아인들은 얼마나 많은 짜폴레타에인들이 전쟁터에서 죽어가든 상관하지 않습니다. 그들은 만약 이 땅에서 인간쓰레기들을 말끔히 쓸어낼 수만 있다면 인류를 위해 훌륭한 공헌을 하는 것이라고 말합니다.


## 전쟁에 나가서는 목숨에 집착하지 않는다

두번째 병력 공급원은 참전하는 데 필요한 비용을 유토피아가 부담해주는 나라입니다. 그 다음으로는 그 외의 우방국들이 지원해주는 파견부대이며, 제일 마지막으로 유토피아의 시민들이 참전합니다.

그리고 참전한 유토피아인들 중에서 이러한 연합군을 통솔할 능력이 있다고 증명된 사람을 사령관으로 임명합니다. 또한 사령관이 건재할 때는 특별한 임무를 수행하지 않는 두 명의 예비사령관을 예비해둡니다. 사령관이 전사하거나 포로가 되었을 경우 예비사령관 중 한 명이 그 직무를 승계합니다. 그리고 또 필요한 경우가 생기면 다른 예비사령관이 임무를 승계합니다.

이렇게 함으로써 전장에서 발생할 모든 상황에 대해 대처할 수 있으며, 사령관에게 어떤 일이 일어나든 전체 부대는 체제를 유지할 수 있는 것입니다.

유토피아인으로 구성된 파견부대는 각 도시에서 자원한 병사들로 구성됩니다. 해외 복무를 위해 징집하는 일은 없기 때문입니다. 유토피아인들은 겁이 많은 사람들은 훌륭한 병사가 되기 어려울 뿐 아니라, 다른 병사들의 사기도 떨어뜨린다고 생각합니다.

하지만 침략을 받았을 경우에는 그런 사람들도 신체만 건강하다면 용감한 이들과 함께 싸울 수 있도록 해군에 배치하거나, 도망칠 수 없는 성벽으로 둘러싸인 요새에 일정한 간격으로 배치합니다.

그런 사람들은 실제로 적군과 직면하게 되면 다른 사람들의 눈때문에, 또는 도망갈 길이 전혀 없다는 사실 때문에 공포심을 극복하고 결국에는 영웅처럼 전투에 임하게 됩니다.

하지만 해외 전투에 나가도록 강요받는 사람은 전혀 없으며, 마찬가지로 남편과 함께 전선으로 나가려는 아내를 고국에 남아 있도록 강요하지도 않습니다. 오히려 그러한 일은 적극적으로 장려하고 존중해줍니다. 전쟁터에서 남편을 따라나선 아내는 자녀나 다른 가족들과 함께 남편 바로 옆에 배치됩니다. 이는 서로를 지키려는 자연적인 본능이 가장 강한 사람들을 가능한 한 가장 가까이 있도록 함으로써 서로 도울 수 있도록 하려는 것입니다. 남편이 아내를 잃고 돌아오거나, 아내가 남편을 잃고 돌아오거나, 자녀가 부모를 잃고 돌아오는 것은 최대의 불명예로 여겨집니다. 이것은 그들의 군대가 일단 전투를 시작하면 적이 저항하는 한 마지막 남은 한 사람까지 전투에 임한다는 것을 뜻합니다.

대리인들을 이용해 전쟁을 수행할 수 있는 한 유토피아인들을 싸움터에 내보내지 않기 위해 모든 노력을 기울이지만, 어쩔 수 없이 그들이 전투에 참여해야만 할 때는 그 전에 보여주었던 최대한의 조심성에 버금가는 용맹함을 발휘하여 전투에 임합니다.

유토피아인들은 처음 공격을 할 때부터 격렬하게 싸우지는 않지만, 시간이 지남에 따라 점차적으로 확고한 결의를 다지며, 나중에는 한 치라도 물러서느니 죽음을 택하겠다는 기세로 전투에 임합니다. 그들은 남은 가족을 먹여 살릴 양식이나 자녀의 장래에 대한 걱정 —— 일반적으로 병사들의 사기를 저하시키는 가장 큰 두 가지 원인이죠 —— 을 할 필요가 없다는 것을 잘 알고 있으므로, 패배라는 생각 자체를 하찮게 여기는 것입니다.

**피에로 델라 프란체스카 | 참된 십자가 이야기**
15~16세기의 유럽은 영토 확장을 위한 전쟁이 끊이지 않았다.
에스파냐, 프랑스, 영국은 물론이고 교황까지도 자신의 세력을
넓히기 위해 수시로 동맹국을 바꾸고 전쟁에 몰입했다.

이러한 그들의 확신은 군사 훈련을 통해 더욱 확고해지고 교육과 사회 환경을 통해 어릴 적부터 몸속 깊이 스며들어 있는 건전한 사상들로 더욱 강인하게 무장됩니다. 바로 이러한 것을 통해 그들이 생명을 함부로 버리지는 않지만, 생명을 포기하는 것이 당연한 때가 오면 비열하고 비겁한 태도로 집착하지 않는다는 것을 알 수 있습니다.

## 패하여 도주하는 적은 공격하지 않는다

전투가 막바지에 이르면, 특별히 선발되어 끝까지 함께하기로 맹세한 한 무리의 청년들이 적군 사령관을 공격합니다. 그들은 정면 공격과 매복 공격, 원거리 사격, 백병전 등 가능한 모든 방법을 다 동원합니다. 그들은 무너지지 않는 쐐기 모양의 대형을 구축하고 지친 병사를 끊임없이 새로운 병사로 대체하면서 잠시도 멈추지 않고 공격합니다. 따라서 적군 사령관은 도망쳐서 목숨을 건지지 않는 한, 거의 전사하거나 포로로 잡히게 됩니다.

전투에 이겼다 해도 그들은 절대 학살을 자행하지 않습니다. 일단 적군이 패하여 달아나기 시작하면 죽이기보다는 생포하려고 합니다. 또한 부대가 전열을 유지할 수 없다면, 절대 추격하지 않는 것이 그들의 규칙입니다. 이 규칙을 엄격히 지키기 때문에 그들은 만약 예비 부대까지 참전하여 승리를 거두었을 경우, 적군을 추격하기 위해 전투 대형을 허물어뜨리지 않고 적군이 모두 도망치도록 내버려둡니다. 그들은 자신들이 수차례에 걸쳐 사용했던 속임수를 결코 잊지 않기 때문입니다.

그 속임수는 유토피아의 주력 부대가 완전히 패배했을 때마다 사용했던 것입니다. 즉 승리에 도취된 적군은 대형을 무너뜨리고 뿔뿔이 흩어진 채 여러 방면으로 유토피아 군대를 추격해왔습니다. 바로 그때 매복시켜두었던 몇몇 소수의 유토피아 군대에 의해 전세가 역전되었던 것입니다. 기회를 엿보고 있던 유토피아 군대는 안전하다고 착각하여 경계를 늦추고 추격해오던 적군을 기습적으로 공격해서 분명한 것처럼 보였던 승리를 적군의 손아귀에서 빼앗고, 패배자는 승리자가 되었던 것입니다.

그들이 펼치는 공격 전술과 방위 전술 중 어느 것이 더 절묘한지에 대해선 판단하기 어렵습니다. 전혀 후퇴할 생각이 없는데도, 후퇴하는 것처럼 보일 때도 있습니다. 그러나 실제로 후퇴하기로 결정했을 때는 절대 후퇴할 것으로 보이지 않습니다. 만약 병력이 너무 모자라거나 지리적인 조건이 불리하다고 판단되면 어둠을 틈타 소리 없이 진지에서 물러나거나, 적군을 속일 수 있는 방법을 이용해 후퇴합니다. 그렇지 않을 경우에는 한낮에 철수를 시도하는데, 완전한 대형을 유지하면서 점진적으로 물러나기 때문에, 철수할 때 그들을 공격하는 것은 전진할 때 공격하는 것과 마찬가지로 위험합니다.

그들은 언제나 주둔지 둘레에 아주 깊고 넓은 참호를 파고, 흙은 밖으로 쌓아 성벽을 만드는 방법으로 용의주도하게 요새를 만듭니다. 이러한 작업은 노예를 시키지 않습니다. 긴급한 사태에 대비하여 성벽 앞에 배치해놓은 소수의 무장 보초병들을 제외한 모든 병사들이 동원되어 직접 작업합니다. 이처럼 수많은 병력이 한꺼번에 동원되기 때문에 믿을 수 없을 만큼 짧은 시간 내에 드넓은 지역을 효과적으로 요새화할 수 있는 것입니다.

그들의 튼튼한 갑옷은 적군의 공격을 효과적으로 막아낼 수 있을 뿐 아니라 몸을 자유롭게 움직일 수도 있습니다. 심지어 수영까지 할 수 있는데, 실제로 그들은 군사 훈련의 초기 단계에서부터 갑옷을 입고 수영하는 법을 연습합니다.

장거리 무기로는 활을 사용하는데, 기병과 보병 모두 활을 정확하게 쏘는 법을 익힙니다. 근접 전투에서는 칼 대신 전투용 도끼를 사용하는데, 묵직하고 예리해서 내려찍거나 찌르면 치명상을 입힐 수 있기 때문입니다. 또한 아주 독창적인 무기들을 발명하고 제작하여 전투에 사용하기 전까지는 눈에 띄지 않도록 숨겨둡니다. 이러한 무기는 숨겨두지 않으면 놀림감이 되기 쉬우며, 그로 인해 충분한 효과를 거둘 수 없게 됩니다. 그들은 이러한 무기를 고안할 때 기동성과 쉬운 조작법에 특별히 주의를 기울입니다.

## 전리품은 갖지 않으며 전쟁 비용은 적국에 청구한다

그들은 일단 휴전 조약을 맺게 되면 그 어떤 도발이 있다 해도 조약을 깨뜨리지 않습니다. 적국의 영토를 황폐하게 만들거나 곡식을 불태워버리는 일도 하지 않습니다. 그 곡식이 자신들을 이롭게 하기 위해 자라고 있는 것이라고 생각하기 때문에 기병이나 보병들에 의해 짓밟히지 않도록 확실하게 통제합니다.

그들은 스파이가 아니라면 무장하지 않은 사람을 절대 해치지 않습니다. 항복한 도시는 보호해주며, 습격해서 점령한 도시라도 약탈은 하지 않습니다. 다만 항복하지 못하게 방해했던 책임자들은 사형에 처하고 나머지 경비병들은 노예로 삼을 뿐입니다. 시민들은 전혀 해치지 않습니다.

항복하자는 의견을 낸 사람에게는 사형이나 노예형을 당한 자들이 남긴 재산 중 일부를 줍니다. 유토피아인들은 전리품을 갖지 않기 때문에, 나머지 재산은 동맹군에게 나누어줍니다.

전쟁이 끝나면 그들은 전쟁 비용을 지원해주었던 우방국들 대신 전쟁에서 패한 적국에 청구서를 보냅니다. 그중 일부는 앞으로 발생할지도 모를 전쟁에 대비하여 현금으로 요구하여 비축해두고, 일부는 적국 영토 내에 있는 중요한 토지에 대한 소유권을 넘기도록 요구합니다.

그들은 이러한 방법으로 다른 나라들로부터 재산을 획득했으며, 수입원이 점차적으로 다양해짐에 따라 수입이 늘어서 현재 거두어들이는 수입이 연간 70만 듀컷[36] 이상이나 됩니다.

이러한 나라들마다 유토피아의 시민들을 파견하는데, 명목상으

---

**36** 옛날 유럽에서 통용되던 금화.

로는 임대료 징수원이지만 실제로는 그 나라에서 호화롭게 살면서 그 지역의 명사로 행세합니다. 이것은 그들이 거두어들인 돈을 그 지역에서 쓴다는 것을 뜻합니다.

그렇게 쓰고 남는 상당한 액수의 돈은 유토피아로 가져오지만, 대부분의 경우 그 돈이 실제로 필요하게 될 때 갚는다는 조건으로 그 나라에 빌려줍니다. 게다가 그 돈이 꼭 필요한 때가 오더라도 전액을 다 갚으라는 요구는 거의 하지 않습니다. 또한 앞서 말했던 것과 같은 위험을 감수하며 그들을 도와준 사람들에게 이러한 토지들을 넘겨주기도 합니다.

만약 어떤 왕이 유토피아의 영토를 침범하기 위해 전쟁을 준비하고 있다면 적군이 국경에 도착하기 전에 많은 병력을 파견하여 저지합니다. 그들은 가능하다면 자신들의 영토 내에서는 결코 전투를 벌이지 않으며, 어떠한 경우라도 동맹군들이 섬에 진군하는 일은 허용하지 않습니다.


## 다양한 종파가 공존하는 나라

마지막으로 그들의 종교에 대해 말씀드리겠습니다. 그 섬에는 여러 가지 다양한 종교들이 있으며, 각 도시마다 다른 종교가 있습니다. 태양이나 달을 숭배하는 사람들도 있고 그 외의 여러 별들을 숭배하는 사람들도 있습니다. 과거에 위대했거나 훌륭했던 사람들을 단순히 신으로 모실 뿐 아니라 최고신으로 섬기는 사람들도 있습니다. 하지만 대부분의 사람들은 인간으로서는 알 수 없으며, 영원무궁하고 불가해하며, 인간이 지닌 이성의 한계를 초월하며, 우리들이 속해 있는 이 우주 속에 물질적인 존재가 아닌 생생한 힘으로서 널리 존재하고 있는, 신성하고 유일한 권능이 있음을 믿고 있습니다. 그들은 이러한 권능을 '어버이'라고 부르며 이러한 권능이 이 땅의 모든 것들에게 일어나는 모든 일들, 즉 모든 시작과 끝, 모든 성장과 발전과 변화를 가져온다고 믿고 있습니다.

우주의 창조와 관리를 책임지고 있는 유일한 최고신이 있다는 점에 대해서는 견해를 달리하는 모든 종파들도 동의하고 있으며 각 종파는 그 신을 유토피아어로 똑같이 '미트라스[37]'라고 부릅니다. 각 종파들이 견해를 달리하는 점은 어떤 신이 미트라스인가 하는 것입니다. 하지만 어느 종파이든 최고신은 모든 국가에서 만물의 유일한 근원이라고 인정하고 있는, 무궁무진한 힘을 지닌 자연과 동일하다고 주장합니다.

그들은 점진적으로 이러한 저급한 신앙들은 모두 없애버리고 가장 합리적이라고 여겨지는 종교로 통합하려고 합니다. 만약 누군가가 개종을 하려 할 때 닥친 악운을 우연히 발생한 것이 아니라 하늘의 심판이라고 —— 마치 버림받은 신이 불경에 대해 벌을 주는 것이라는 식으로 —— 해석하는 미신적인 경향만 없었다면 잡

---

37  미트라스(Mithras)는 인도 신화에 등장하는 빛의 신으로, 미트라스에 대한 숭배는 기원전 3세기경 페르시아에서 성행하였다. 빛의 신을 숭배한다는 것은 태양신을 숭배하는 것과 같은 뜻이다.

다한 종교들은 분명 오래전에 자취를 감추었을 것입니다.

그러나 우리 일행이 그리스도와, 그리스도의 가르침과 성품, 그리스도가 일으킨 기적, 그리고 기꺼이 피를 흘리며 여러 민족을 기독교로 개종시키기 위해 노력했던 순교자들의 기적적인 헌신에 대해 말해주었을 때, 그들이 얼마나 흔쾌히 개종했는지 알게 되면 깜짝 놀라실 것입니다.

어쩌면 알 수 없는 성스러운 영감으로 무의식적인 감화를 받았거나, 기독교가 그들의 주요 종교와 무척이나 비슷했기 때문일 수도 있습니다. 하지만 나는 그들이 현재 가장 신실한 기독교 공동체들에서 아직도 실천하고 있는, 재산을 공유하는 생활을 제자들에게 가르쳤다는 그리스도의 이야기를 듣고 무척 깊은 감명을 받았기 때문이라고 생각합니다. 어쨌든 아주 많은 유토피아인들이 우리의 종교를 받아들였고, 또 세례를 받았습니다.

불행하게도 우리 일행 네 명 중에는 성직자가 없었습니다. 그 무렵엔 두 사람이 죽고 네 사람만 남아 있었습니다. 그래서 그들은 교회에서 거행되는 다른 의식들은 모두 치를 수 있었지만, 성직자만이 집전할 수 있는 성례전만은 아직 받지 못했습니다. 하지만 그들은 성사를 잘 이해하고 있었고, 이 세상의 무엇보다도 성사를 받기 원했습니다.

사실 지금 그들은 자신들 중 한 사람을 서품식을 받기 위해 기독교 성직자에게 보내지 않더라도 자격을 갖춘 신부가 될 수 있는지에 대해 활발히 토론하고 있습니다. 내가 떠날 무렵까지는 선출하지 않고 있었지만, 그 일을 맡아 할 후보자를 분명히 선출할 것입니다.

## 가장 오래된 원칙, 종교적 관용

물론 여전히 많은 유토피아인들이 기독교를 받아들이길 거부합니다. 그러나 다른 사람이 기독교에 귀의하는 것을 막지 않으며 기독교를 선택한 사람을 공격하지도 않습니다. 내가 그곳에 있을 때, 신도 중 한 명이 곤경에 처했던 경우는 있었습니다.

그 사람은 우리 일행의 만류에도 불구하고 세례를 받자마자 신중하지 못하게 지나친 열정을 품고 기독교 신앙에 대해 공공연한 전도를 시작했습니다. 너무 열중한 나머지 결국은 기독교의 우월함을 주장하는 정도에 만족하지 못하고, 그 외의 모든 종교들을 비난하는 지경에 이르렀던 것입니다.

그는 목청을 높여 다른 종교는 모두 사악한 미신이며 그것을 믿는 자들은 불경스러운 괴물이며, 영원히 지옥불 속에 갇히는 형벌을 받게 될 것이라고 외쳐댔습니다. 그렇게 계속 떠들어대자 마침내 체포되어 기소되었는데, 그 이유는 신을 모독해서가 아니라 공공질서를 어지럽혔다는 것이었습니다. 유죄 판결을 받은 그는 국외추방형을 받았습니다. 유토피아 헌법에서 지켜온 가장 오래된 원칙은 바로 종교적인 관용이었기 때문입니다.

이 원칙은 최초의 정복 시기부터 지켜온 것입니다. 그 전까지는

**사보나롤라의 처형**

사보나롤라는 15세기 피렌체의 설교가이자 종교개혁가였다. 지도층의 부패와 사치를 비난하고 금욕적인 종교 생활을 강조하였으며 극단적인 교리를 적용해 이단들을 양산해냈다. 그러나 종교적인 관용 없이 수많은 이들을 이단으로 몰아 처형한 그 자신 역시 시민들에 의해 화형당했다.

종교에 대한 논쟁이 끊이질 않았으며, 서로 인정하지 않으려는 다양한 종파들이 자신들의 나라를 지키는 데에도 협력하기를 거부했던 것입니다. 유토포스는 그러한 사실을 알고나서 바로 그 문제 때문에 자신이 그 땅을 모두 정복할 수 있었다는 것을 깨닫게 되었습니다.

그래서 그는 승리를 거둔 직후 즉시 법을 만들어, 누구나 자신이 좋아하는 종교를 가질 자유가 있으며 조용하고 공손하며 이성적인 토론을 거친다는 것을 전제로 했을 때만 다른 사람을 자신의 종교로 개종시킬 수 있게 했던 것입니다. 그러나 다른 사람을 설득하는 데 실패했을 경우, 다른 종교들을 공격해서는 안 되며 폭력을 쓰거나 개인적인 모욕을 주어서도 안 된다고 했습니다. 종교적인 논쟁으로 인해 과도한 공격을 가하는 행위에 대한 형벌은 추방되거나 노예가 되는 것입니다.

유토포스가 이 법률을 제정했던 이유는 단순히 끝없는 논쟁과 화해 없는 반목으로 완전히 파괴되어버리는 사회의 질서를 유지하기 위해서 뿐만이 아니라, 종교 자체에도 가장 유익할 것이라고 생각했기 때문이었습니다.

그는 어떤 한 종교가 옳다는 단정을 내리지 않았습니다. 신은 분명 여러 가지 방식으로 숭배받기를 원하므로, 사람마다 서로 다른 것을 믿도록 했을 것이라고 생각했던 것입니다. 그러므로 어느 한 사람이 특정한 종교를 믿도록 다른 사람을 협박하는 일은 어리석고 또 오만한 태도라고 확신했던 것입니다.

진실한 종교는 오직 하나밖에 없으며 그 외의 종교는 모두 어리석은 것이라 할지라도, 그 문제를 차분하고 합리적으로 논의한다면 궁극적으로 진리는 그 자체의 힘만으로도 모든 것을 극복할 수 있을 것이라 확신했습니다. 그러나 만약 종교가 힘에 의해 결정된다면, 마치 유익한 곡식보다 가시덤불이 더 잘 자라듯, 가장 훌륭하고 가장 신성한 종교는 가장 우스꽝스러운 미신들에 밀려나게 될 것이라고 생각했던 것입니다. 언제나 가장 비열한 사람이 가장 완고하게 마련이기 때문입니다.

## 잘못된 교리를 경계하되 처벌하지 않는다

그런 이유로 그는 종교의 선택은 각 개인이 자신의 생각에 따라 결정해야 할 자유로운 문제로 남겨둔 것입니다. 다만 국민들이 영혼은 육신과 함께 소멸된다든지, 우주가 아무런 목적도 없이 움직인다는 등, 인간의 존엄성과 양립할 수 없는 교리를 믿는 것만은 엄격하고도 엄중하게 금지했습니다. 그래서 유토피아인들은 죽음 이후에 상벌이 분명히 있다는 것을 확신하게 되었던 것입니다.

그들은 만약 이렇게 생각하지 않는 사람이 있다면, 자신이 지닌 불멸의 영혼을 짐승의 몸과 같은 수준으로 격하시켜 인간으로서의 특권을 포기한 것이라고 생각합니다.

더 나아가 그러한 사람은 유토피아의 시민이라고 생각하지 않습니다. 그런 사람은 유토피아의 생활방식에 진심으로 따르지는 않으면서, 단지 처벌이 두려워 따른다는 것입니다. 법에 의한 처벌 외에는 두려워하는 것이 없으며, 죽음 이후에 아무런 희망도 품지 못하는 사람이라면, 당연히 개인적인 이익을 위해서라면 언제든 그 나라의 법망을 피하거나 법을 침해하려 애쓸 것이기 때문입니다. 그러므로 이처럼 잘못된 교리를 신봉하는 사람은 사회적인 존경을 받지도 못하고, 그 어떤 공직에도 임명되지 못하며, 공적인 업무도 맡을 수 없습니다. 그들은 그런 자들을 일반적으로 가장 경멸해야 할 사람으로 여깁니다.

하지만 어떤 사람이 믿는 바를 간섭할 수는 없기 때문에, 그러한 사람들이라 해도 처벌받지는 않습니다. 또한 그들은 위선을 사기와 같은 것이라 생각하여 몹시 싫어하기 때문에 그러한 자들에게 자신의 견해를 숨기도록 강압하지도 않습니다. 그들이 자신의 신앙을 공개적인 자리에서 변호하는 경우만이 명백한 불법이며 개인적으로 성직자나 지식인들과 토론하는 것은 허용해줄 뿐만 아니라 적극적으로 장려하기도 합니다. 이러한 잘못된 생각은 궁극적으로 이성에 굴복하고야 말 것이라고 확신하기 때문입니다.

실제로 이러한 유물론적인 의견과 정반대의 생각을 갖고 있는 유토피아인도 상당수에 달합니다. 당연히 이런 사람들도 그들 나름의 논리가 있으며, 상당한 수준의 명망을 갖추고 있으므로 그들을 제지하는 법률은 없습니다. 이런 사람들은 인간의 고귀한 영혼보다 열등하고 인간보다 큰 행복을 누릴 수는 없지만, 동물들에게도 불멸의 영혼이 있다고 믿습니다.

## 죽음은 즐겁게 맞고 장례는 유쾌하게 치른다

인류에게는 영원한 행복이 준비되어 있다는 것을 모든 사람들이 실제로 믿기 때문에 비록 병이 드는 것은 슬퍼하지만, 죽음에 대해 슬퍼하는 사람은 아무도 없습니다. 무한한 행복이 인간을 기다리고 있다고 진실로 믿기 때문에 —— 당사자가 죽기를 싫어하고 무서워하는 경우는 다르지만 —— 병이 든 것을 슬퍼하기는 하지만 죽음은 전혀 슬퍼하지 않습니다.

유토피아인들은 죽기 싫어하는 것을 나쁜 징조라고 생각합니다. 죽음을 싫어하는 것은 그 영혼이 자신의 죄를 인식하고 있으며, 그로 인해 닥쳐올 형벌에 대한 불길한 예감 때문에 죽음의 공포가 생긴다는 것입니다. 더 나아가 그들은 신의 부름에 기꺼이 달려가지 않고, 억지로 끌려가는 사람을 신이 절대 반겨주지 않을 것이라고 생각합니다. 그래서 그들은 이런 형태의 죽음을 보게 되면 진저리를 치며 침통한 침묵 속에서 장례식을 거행합니다. 그들은 "신이여, 이 영혼을 가엾이 여기시고 그의 나약함을 용서하소서"라고 말할 뿐입니다. 그러고 나서 시체를 묻어버립니다.

하지만 즐겁고 낙관적인 태도로 죽음을 맞이한 사람[38]에 대해서는 아무도 슬퍼하지 않습니다. 그들은 장례식에서 기쁨에 찬 노래를 부르며 그 사람의 영혼을 기꺼이 신에게 맡깁니다. 그리고 슬픔

---

**38**  실제로 모어는 죽음을 맞으면서 의연하고 여유로운 태도를 보였다. 그는 머뭇거리는 사형 집행인에게 밝은 표정으로 "기운을 내고 자네의 임무를 수행하게. 내 목은 짧으니 조심해서 자르게"라고 말한 후 최후를 마쳤다.

보다는 마음에 존경심을 품은 채 시체를 화장하고, 그 자리에 비명을 새겨 넣은 비석을 세웁니다. 그러고 나서 집으로 돌아온 그들은 고인의 인격과 생애에 대해 이야기를 나누는데, 행복한 마음으로 죽었다는 것이 고인에 대한 가장 유쾌한 회상입니다.

그들은 고인의 훌륭한 성품을 회상하는 것이 살아 있는 사람들에게 그와 똑같은 미덕을 권장하는 최선의 방법이며, 고인을 기쁘게 해주는 일이라 여깁니다. 비록 사람의 눈에는 보이지 않지만, 고인이 이러한 이야기들을 그들과 함께 듣고 있다고 믿는 것입니다. 결국 그들은 완벽한 행복이란 완벽한 행동의 자유를 의미하는 것이며, 살아 있는 동안 서로를 진심으로 사랑했다면 죽었다 해도 자기 친구들을 보고 싶다는 생각이 사라지지 않는다고 생각하는 것입니다.

어느 선량한 한 사람이 품는 애정의 정도는 그의 다른 모든 훌륭한 품성들처럼 죽음에 의해 감소되는 것이 아니라 오히려 더 확장된다고 믿습니다. 그래서 유토피아인들은 고인이 자유롭게 살아 있는 사람들과 어울리며, 그들이 하는 말과 행동을 일일이 지켜본다고 믿습니다. 사실 그들은 고인들을 거의 수호천사로 여기기 때문에 어떤 문제들을 마주칠 때 더 확실한 신념을 가질 수 있습니다. 게다가 선조가 함께 있다는 생각은 남몰래 나쁜 짓을 하지 못하도록 합니다.

유토피아인들은 다른 나라에서 심각하게 받아들이는 길조와 흉조의 조짐, 점을 통해 미래를 가늠해보는 등의 미신들에는 아무런 관심도 기울이지 않습니다. 사실 그러한 미신들을 가벼운 농담 정도로 생각합니다. 하지만 자연에서 그 원인을 가늠해볼 수 없는 기적들에 대해서는 대단한 존경심을 품고 대합니다. 그러한 기적들을 신의 존재와 권능을 보여주는 증거라고 생각하기 때문입니다. 그들은 그러한 기적들이 유토피아에서는 자주 일어난다고 말합니다. 실제로 위기의 순간들이 닥쳐오면 전 국민이 기적을 위해 기도하는데, 그들의 믿음이 무척 강하기 때문에 가끔씩 기도가 이루어지기도 합니다.

## 스스로 종교적 고행을 선택하는 사람들

대부분의 유토피아인들은 대자연을 꼼꼼히 살펴보고, 그 대자연을 창조한 신을 찬양하는 것만으로도 신을 기쁘게 할 수 있다고 생각합니다. 그러나 아주 많은 사람들이 이러한 자신들의 종교에 빠져들어 지식 탐구를 소홀히 하고 있습니다. 그들은 과학에 관심이 없습니다. 사후에 행복을 누릴 수 있는 유일한 방법은 일생 동안 선행을 베푸는 것뿐이라고 믿기 때문에 과학 같은 것에 관심을 가질 시간이 없는 것입니다. 그런 사람들은 환자를 돌보거나 길을 고치고, 도랑을 청소하거나 다리를 보수하고, 잔디와 모래와 돌덩이를 파내거나 나무를 잘라 다듬고, 목재나 곡식을 도시로 운반하는 등의 일을 합니다.

한마디로 그들은 사회를 위해서뿐만 아니라 개인들의 일도 열심히 거들면서 노예처럼 살고 또 노예보다 더 힘든 노동을 합니다. 일반적인 사람들은 너무 힘들어서 혹은 단순히 그러한 일을 싫어해서, 혹은 제대로 할 수 없어서 피하려고 하는 거칠고 험하고 어려운 일들을 그들은 기꺼이 합니다. 이렇게 그들은 끊임없이 일을 함으로써 다른 사람들이 편안히 쉴 수 있도록 해줍니다. 하지만 노동에 대한 대가를 받는 것은 아닙니다. 그들은 다른 사람들의 생활에 대해 험담도 하지 않고, 자신들의 생활을 자랑하지도 않습니다. 그들은 스스로 노예처럼 열심히 일할수록 더 많은 사람들로부터 존경받는 것입니다.

그들은 두 부류로 나눌 수 있습니다. 한 부류는 독신주의를 신봉합니다. 이들은 완벽한 금욕주의자들로서 성관계를 갖지 않을 뿐 아니라, 쇠고기나 돼지고기 등을 먹지 않으며, 심지어 어떤 사람들은 짐승의 고기는 전혀 먹지 않습니다. 그들은 현세에서의 모든 쾌락을 거부하고 오직 다가올 세상, 내세만을 동경합니다. 이마에 흐르는 땀과 편히 잠들지 않는 것으로 내세의 안락을 얻으려 애쓰며 언젠가는 내세에 도달할 것이라는 희망으로 생기 있고 즐겁게 살아갑니다.

또 다른 한 부류는 힘든 노동을 열심히 하면서 결혼에도 찬성합니다. 결혼이 주는 위안을 경멸해서는 안 되며, 대를 잇는 것은 자연과 국가가 부여한 의무라고 생각합니다. 노동을 방해하지 않는다면 쾌락도 반대하지 않습니다. 이런 원칙에 따라 그들은 고기를 많이 먹는데, 그렇게 함으로써 더 열심히 일할 수 있다고 생각하기 때문입니다. 유토피아인들은 이런 사람들이 더 합리적이라고 ——
앞에 말한 부류들이 조금 더 경건하긴 하지만 —— 생각합니다.

전자에 속하는 사람들이 자신들의 행동을 논리적으로 정당화시
키려 하면 비웃음을 살 뿐입니다. 하지만 자신들 행동의 동기가 합
리적인 것이 아니라 종교적인 것임을 시인하게 되면 그들은 큰 존
경을 받게 됩니다.

유토피아인들은 항상 종교 문제에 있어서 섣부른 판단을 하지
않기 위해 최대한의 주의를 기울이기 때문입니다. 이 부류에 속한
사람들은 유토피아어로 부트레스카에[39]라고 부르는데, 이 말을 대
충 번역하자면 속세에 있는 수도사 정도의 뜻입니다.


## 고결하지만 결혼이 허용되는 성직자들

유토피아의 성직자들은 모두 특별할 만큼 신앙심이 깊은데, 그
런 만큼 그들의 수는 매우 적습니다. 일반적으로 각 도시마다 13
명, 그리고 각 교회에 1명씩의 성직자가 있습니다. 그러나 전시가
되면 13명 중 7명은 군대와 함께 출전하고, 한시적으로 그들을 대
신할 7명의 성직자가 새로이 임명됩니다. 출전했던 성직자들이 돌

---

**39**  부트레스카에(Buthrescae)는 거대하다는 뜻의 접두어 'bou'와 종교적이라는 뜻의
'thereskos'을 합성하여 만든 말이다.

아오면 그들은 예전의 생업으로 복귀하며, 나머지 성직자들은 주교의 보좌로 남아 있다가 —— 13명 중의 한 명이 주교가 되기 때문입니다 —— 정규 성직자의 사망으로 인해 생기는 공석을 차례대로 계승하게 됩니다.

성직자는 시민 전체의 투표로 선출됩니다. 선거는 모든 공직 선거와 마찬가지로 압력 단체가 생기는 것을 방지하기 위해 비밀 투표로 실시되며, 그렇게 선출된 후보들을 성직자들 모임에서 임명합니다.

성직자들은 의식을 주관하고, 종교 업무를 조직하며, 사회의 도덕을 감독할 책임을 집니다. 나쁜 행동으로 종교 재판소에 소환되거나, 성직자의 힐책을 받는 것은 대단히 수치스러운 일입니다.

범죄에 대한 실질적인 억제와 처벌은 당연히 시장과 그 외 공무원들의 일입니다. 성직자들은 단순히 충고와 경각심을 줄 뿐이지만, 자신의 죄를 뉘우치지 않는 범법자들을 파문할 수 있는데, 사람들은 파문을 가장 무서운 형벌로 여깁니다. 파문된 사람은 극심한 수치를 느낄 뿐만 아니라 신의 복수가 두려워 엄청난 공포에 떱니다. 파문당한 자가 자신이 뉘우치고 있다는 것을 성직자로부터 곧바로 인정받지 못하면, 불경죄로 체포되어 의회의 처벌을 받게 되므로 신체적 안전 역시 위협받게 됩니다.

또한 성직자들은 어린이와 청소년들의 교육을 책임집니다. 이들은 학문적인 가르침은 물론 도덕에 대한 교육도 중요하게 다룹니다. 성직자들은 감수성이 예민한 어린이들에게 사물들에 대한 올

바른 생각, 즉 그들의 사회제도를 유지하는 데 도움이 되는 생각들을 심어주기 위해 최선을 다합니다.

이러한 생각들을 어릴 때 철저히 몸에 익히면 어른이 된 후에도 그것을 유지하게 되어서 국가의 안전에도 크게 기여하는 것입니다. 잘못된 사상에서 비롯되는 도덕적 결함보다 국가의 안전을 더 심각하게 위협하는 것은 없기 때문입니다.

남성 성직자들에게는 결혼이 허용됩니다. 비록 여성을 성직자로 선출하는 것을 금지하지는 않지만, 어느 정도 나이가 든 과부를 제외하고는 여성이 성직자로 선출되는 일은 거의 없습니다.[40] 성직자들보다 더 존경받는 공직은 없으므로, 사실 성직자들의 아내는 유토피아 사회에서 가장 특별한 사람들이라 할 수 있습니다.

더 나아가 성직자들은 죄를 범하더라도 처벌되는 경우가 거의 없습니다. 죄를 범한 성직자는 신과 그 자신의 양심에 따라 행동하도록 내버려둡니다. 그 성직자가 어떤 일을 했든지 간에 특별한 제물로 신에게 바쳐진 사람을 인간들이 손댄다는 것은 옳지 않다고 생각하기 때문입니다.

성직자들은 극히 소수이며 매우 신중하게 선출되었기 때문에 유토피아인들은 이러한 규칙을 지키는 것이 무척 쉽다는 것을 알고 있습니다. 훌륭한 후보자들 중에서 뽑혔으며 오직 그 자신의 도덕

---

40   사실 모어는 그리스도의 사례와 제자들에게 한 권고를 근거로 성직자의 결혼에 반대했으며, 여성의 사제 임명에도 회의적이었다.

적인 성품에 의해 성직자로 임명된 사람이 갑자기 악해지고 부패한다는 것은 실제로 거의 일어나지 않는 일인 것입니다. 물론 인간의 성품은 무척이나 예측하기 어렵기 때문에 설사 그렇게 될 가능성이 있다 해도, 행정적인 권한이 없는 소수의 사람들이 사회에 심각한 위험을 가져오는 일은 거의 없을 것입니다.

그들은 현재 성직자들이 누리고 있는 높은 권위를 추락시키지 않기 위해 성직자들의 수를 제한하고 있는 것입니다. 그들의 말에 따르면, 무엇보다 일반적인 경우를 훨씬 뛰어넘는 미덕이 요구되는 이러한 직책에 어울리는 사람을 많이 찾아낸다는 것은 어려운 일이라고 합니다.

유토피아의 성직자들은 국내에서처럼 해외에서도 존경을 받습니다. 나는 그들이 존경받는 이유와 증거를 전쟁터에서 일어나는 일들에서 찾을 수 있다고 생각합니다. 전투가 한창 진행되고 있을 때, 성직자들은 전장에서 그다지 멀지 않은 장소에서 신성한 법복을 입고 꿇어앉아 두 손을 하늘을 향해 치켜듭니다. 그들은 우선 평화를 위해 기도한 후 무혈의 승리를 위해 —— 양쪽 군대 모두가 피를 흘리지 않도록 —— 기도합니다.

유토피아의 군대가 승리를 거두면 성직자는 서둘러 전쟁터로 달려가 불필요한 폭력 행위를 막습니다. 성직자들이 나타나면 적군 병사들은 그들을 소리쳐 부르는 것만으로도 생명을 구할 수 있고, 또 그들의 나풀거리는 법복을 만질 수만 있어도 생명은 물론 재산도 지킬 수 있게 됩니다. 이렇게 모든 나라에서 존경하고 절대적인 권위를 인정해주고 있으므로 성직자들은 자기 나라의 군인들을 보호해주는 것만큼이나 적군도 보호해줄 수 있는 것입니다.

유토피아 군대가 전면 퇴각하고 추격하던 적군이 학살과 약탈을 감행하려는 절망적인 순간에 성직자들이 개입하여 대량 학살을 막고, 양측 군대를 갈라놓음으로써 양측이 평화를 유지하도록 했던 일도 널리 알려져 있습니다. 가장 야만적이며 잔인한 국가들 사이에서도 유토피아의 성직자들은 대부분 신성불가침의 존재로 여겨지고 있기 때문입니다.

### 마음이 깨끗하지 않으면 참여할 수 없는 예배

유토피아인들은 매달 첫날과 마지막 날, 그리고 매해 첫날과 마지막 날에 종교적인 축제를 개최합니다. 그들은 태양력에 따라 한 해를 정하고, 태음월에 따라 한 달을 정합니다. 그 첫날은 유토피아 말로 키네메르니[41]라 부르며 마지막 날을 트라페메르니[42]라고 부

---

**41** 키네메르니(Cynemerni)는 '개'를 뜻하는 'kuon' 혹은 'kuos'와 '날'을 뜻하는 'hemera'의 합성어로, '개의 날'이란 뜻이다. 고대 그리스에서는 매월 그믐밤에 여신 헤카테에게 제물로 바치는 음식을 집 밖에 내놓는 관습이 있었다. 헤카테는 달의 여신, 대지의 여신, 지하의 여신 등 세 여신이 한 몸이 된 여신으로 부와 행운을 준다고 여겨졌다. 사람들은 그녀가 한밤중에 횃불을 들고 지옥의 개 떼를 거느리고 나타나며, 사람은 그녀의 모습을 볼 수 없으나 개는 볼 수 있다고 믿었다. 이런 몇 가지 이유로 '개의 날'이라는 이름이 붙여진 것으로 보인다.

**42** 트라페메르니(Trapemerni)는 '회전, 변화'를 뜻하는 'trepo'와 '날'을 뜻하는 'hemera'의 합성어로 달이 바뀌는 날이라는 뜻이다.

릅니다. 즉 '시작 축제일'과 '마지막 축제일'이라는 뜻입니다.

유토피아의 교회들은 무척 아름답게 지어졌을 뿐만 아니라 그 어마어마한 규모로 인해 웅장한 모습을 하고 있습니다. 아시겠지만, 교회가 아주 적기 때문에 수많은 사람들을 동시에 수용할 수 있도록 지어야 하는 것입니다. 교회당 안은 어둠침침한데, 그들의 설명에 의하면 건축가들이 잘못한 것이 아니라 그렇게 짓도록 규정되어 있기 때문이라고 합니다. 성직자들은 실내가 너무 밝으면 주의가 산만해지지만, 빛이 희미하면 집중할 수 있어 종교적 감정을 더욱 강렬하게 만들 수 있다고 생각했던 것입니다.

비록 그들이 모두 하나의 종교를 믿는 것은 아니지만 그 모든 종교들이 아무리 다양한 접근 방법을 택한다 해도 그 최종 목표는 하나같이 신성한 존재를 숭배하는 것입니다. 그런 이유 때문에 그들의 교회에서는 모든 종류의 종교에 공통적으로 적용될 수 있는 의식과 설교만이 거행됩니다. 특정한 종파의 고유 의식은 개인적으로 집에서 거행하며, 공동으로 치르는 예배 의식은 어떠한 방법으로든 개인적인 의식들을 훼손하지 않는 방식으로 거행됩니다.

이와 같은 원칙에 따라 교회당에는 각자 자신들의 종교에 가장 적합하다고 생각하는 신의 모습을 자유롭게 상상할 수 있도록 특정한 신의 형상은 만들어놓지 않습니다. 또한 교회 내에서 특별한 신의 명칭도 사용하지 않습니다. 신은 단지 미트라스라고 부르는데, 이것은 각자 어떤 신을 믿든 간에 최고의 존재를 나타내는 일반적인 명칭에 지나지 않습니다. 또한 교회 내에서는 자신의 특정

**마르틴 숀가우어 | 장미 정원의 성모 마리아**

중세는 물론 르네상스 시대에도 교회는 건물을 웅장하게 짓고
내부를 화려하게 장식하는 데 몰두했으며, 이를 위한 재정을 마
련하기 위해 면죄부 등 갖가지 명목으로 신도들을 수탈했다. 이
러한 교회의 폐단을 비난했던 모어는 어떠한 꾸밈도 없는 소박
한 모습의 교회를 이상적으로 그렸다.

한 신앙에 의한 것이 아닌, 모든 사람들이 함께할 수 있는 기도만 허용됩니다.

'마지막 축제일'에는 하루 종일 단식을 하고, 저녁에 그 해 또는 그 달을 무사히 지낼 수 있게 해준 신에게 감사를 드리기 위해 교회에 갑니다. 그 다음 날 —— '시작 축제일' —— 에는 아침에 교회에 모여 이제 막 시작된 한 해, 또는 한 달 동안의 행복과 풍성함을 위해 기도합니다. 하지만 '마지막 축제일'에는 교회에 가기 전에 집에서 아내는 남편 앞에, 자녀들은 부모 앞에 무릎을 꿇고 앉아 그동안 있었던 태만과 잘못들을 모두 고백하고 용서를 구합니다. 그렇게 함으로써 아무리 사소한 것이라도 가정의 분위기를 어둡게 할 수 있는 불평은 모두 다 녹여버리고, 모두 지극히 깨끗한 마음으로 신성한 예배 의식에 참여하게 됩니다.

마음이 불안정한 상태로 예배에 참여하는 것은 무척이나 불경스러운 일로 생각합니다. 따라서 누군가에게 노여움이나 원한을 품고 있는 사람은 그것을 스스로 해소하여 그러한 불쾌한 감정들이 사라질 때까지 교회에 가지 않습니다. 그렇게 하지 않으면 즉각적이고 엄중한 벌이 내려질 거라고 두려워합니다.

교회에 들어갈 때 남자는 오른쪽, 여자는 왼쪽으로 입장하는데, 남자들은 자기 집안의 가장 나이 많은 남자 어른 앞에 자리 잡고 가장 나이 많은 여자 어른은 자기 집안의 여자들 뒤에 앉아 보호자의 역할을 합니다. 이러한 것을 통해 각 가정의 교육을 책임지고 있는 사람들이 공공장소에서 가족 구성원들의 태도를 관찰할 수 있게 됩니다. 또한 어린이들은 언제나 나이 많은 사람 옆에 앉도록 세심하게 배려합니다. 어린이들끼리 몰려 앉게 두면 선행을 배우는 유일한 동기는 아니지만 가장 강한 동기라 할 수 있는 종교적인 외경심을 배워야 할 시간에 자기들끼리 천진한 장난에 몰두하여 시간을 헛되이 보낼 수 있기 때문입니다.


## 신 없는 행복보다 신에게로 가는 죽음을

그들은 자비로운 신이 짐승을 잡거나 피 흘리는 것을 좋아할 리 없다고 생각하기 때문에 절대로 동물을 제물로 바치지 않습니다. 신은 자신의 피조물들이 살아 있기를 원하기 때문에 생명을 부여한 것이라고 생각하는 것입니다. 하지만 예배를 드리는 동안에는 여러 가지 향료를 태우고 셀 수 없을 정도로 많은 촛불들을 제물로 밝혀둡니다.

물론 신성한 존재에게 향료나 촛불 따위는 아무런 쓸모도 없다는 것을 잘 알고 있지만, 이러한 것들이 일종의 제물로서 아무런 해를 끼치지 않으며, 향기와 은은한 촛불 같은 것들이 의식의 요소로 작용하여 사람들의 정신을 고양시키고 더욱 신을 숭배하고자 하는 마음을 갖게 만든다고 생각합니다.

사람들은 모두 흰옷을 입고 교회에 모이며, 성직자들은 재단 솜씨와 디자인은 뛰어나지만 매우 값싼 옷감으로 만든 다양한 색상의 예복을 입습니다. 금실로 바느질했거나 진기한 보석으로 장식한 것이 아니라, 단순히 여러 가지 새들의 깃털로 장식한 예복입니다. 하지만 가장 값비싼 재료들을 이용해 만든 세상의 그 어떤 예복들보다 예술품으로서의 가치가 높습니다.

　새의 깃털들은 신성한 진리를 상징적으로 드러내는 특별한 패턴에 따라 장식하며, 성직자들은 이 상징들이 갖는 의미를 세심하게 가르쳐줍니다. 이러한 상징들은 신자들을 향한 신의 사랑과 신에 대한 그들의 의무 그리고 신자들 서로에 대한 의무 등을 일깨워주기 때문입니다.

　성직자가 이러한 예복을 갖춰 입고 성소에서 나오면 예배자들은 모두 바닥에 엎드려 경의를 표하고 교회 안은 침묵으로 가득 찹니다. 그 순간은 너무나도 성스러워 마치 신이 직접 나타나기라도 한 것처럼 느껴집니다. 몇 분의 시간이 흐른 후, 성직자는 예배자들에게 일어나라는 신호를 보냅니다. 그러면 신자들은 여러 악기 소리에 맞추어 신을 찬양하는 노래를 부릅니다. 그들의 악기는 대부분 유럽에서 볼 수 있는 것들과는 전혀 다릅니다. 유럽의 악기들과 단순하게 비교할 수 없는 것들도 있지만, 대부분의 악기들은 유럽의 악기들보다 훨씬 듣기 좋은 소리를 냅니다.

　그들의 악기는 한 가지 점에서만은 의심의 여지없이 유럽의 악기보다 훨씬 우수합니다. 성악이나 기악에 관계없이 그들의 음악은 놀라울 만큼 자연적인 느낌들을 아름답게 표현합니다. 기도를 위한 음악이든 즐거움을 표현하는 음악이든 혹은 격정이나 평온함, 슬픔이나 분노를 표현하는 음악이든 그 멜로디는 그 감정을 가장 적절하게 표현해냅니다. 그래서 듣는 이의 의식 깊은 곳으로 스며들어 특별한 감동을 불러일으키는 것입니다.

예배는 성직자와 예배자들이 함께 일정한 기도문을 반복하여 외우는 것으로 끝납니다. 그 기도문은 모두 함께 외우면서도 모든 사람들이 자기 자신을 위해 기도하고 있는 것처럼 생각할 수 있도록 되어 있습니다. 그 기도문은 다음과 같습니다.

"신이시여, 당신이 나의 창조자이시며 지배자이시고, 또한 모든 훌륭한 것들의 근원이라는 것을 잘 알고 있습니다. 베풀어주시는 모든 은총에 감사드립니다. 그중에서도 특히 가장 행복한 사회에 살면서 가장 진실한 종교를 믿으며 신앙생활을 하게 해주신 것을 감사드립니다.

만약 저의 생각이 잘못된 것이고, 당신께서 보다 더 만족해하시는 종교나 사회제도가 있다면 크나큰 은혜로써 저에게 알려주십시오. 그곳이 어디이든 이끌어주시는 대로 따라가겠습니다. 하지만 만약 우리들의 제도가 가장 훌륭한 것이며, 나의 종교가 가장 진실한 것이라면, 이 사회와 종교에 충실하도록 지켜주십시오.

만약 지금 존재하는 여러 가지 종교들이 가늠할 수 없는 당신의 뜻으로 이루어진 것이 아니라면, 나머지 인류들도 우리들과 같은 생활방식, 같은 믿음을 갖도록 이끌어주십시오.

저를 당신 곁으로 부르실 때가 오면, 편안하게 죽음을 맞이할 수 있도록 해주십시오. 죽음을 일찍 주시거나, 더 오래 살 수 있도록 기도하는 것이 아닙니다. 그러나 만약 당신의 뜻이라면, 당신과 멀리 떨어진 채 최상의 행복을 누리며 살기보다, 가장 고통스러운 죽음을 통해서라도 당신 곁으로 가기를 바랍니다."

이 기도문을 외우고 난 다음 그들은 다시 몇 분 동안 바닥에 엎드려 있다가 일어나 점심을 먹으러 갑니다. 나머지 시간들은 오락과 군사 훈련으로 보냅니다.

자, 이것이 내가 유토피아 공화국[43]에 대해 말해줄 수 있는 가장 정확한 설명입니다. 나는 유토피아가 이 세상에서 가장 훌륭한 국가일 뿐만 아니라, 공화국이라 부를 수 있는 유일한 국가라고 생각합니다. 그 외의 다른 나라들은 입으로는 언제나 공공의 이익을 말하지만 실제로 가장 관심 있는 건 개인의 재산뿐입니다. 사유재산이 없는 유토피아에서는 모든 사람들이 공공의 의무를 진지하게 수행합니다.

하지만 양쪽의 입장은 모두 완벽하리만큼 합리적입니다. 다른 '공화국들'에서는 자기 나라가 아무리 번영하고 있다 해도, 스스로 자신을 책임지지 않으면 현실적으로 굶어 죽을 수밖에 없다는것을 누구나 알고 있습니다. 그러므로 공공의 이익보다 시민의 이익, 즉

---

43  공화국이란 말은 모어가 원문에서 사용한 단어가 아니라 영역자인 폴 터너가 선택한 단어이다. 폴 터너는 공공의 일, 공공의 재산, 공공의 이익 등의 의미에 걸맞은 정치체제로 공화국이란 말을 사용한 것이다.

자신의 이익을 우선으로 생각할 수밖에 없는 것입니다.

유토피아에서는 모든 것이 공공의 소유로 되어 있으므로 공공의 창고가 가득 차 있는 한 결핍을 두려워할 필요가 없습니다. 누구나 공정한 자신의 몫을 가질 수 있기 때문에 가난하거나 헐벗은 사람도 있을 수 없습니다. 사유재산을 가지고 있는 사람이 아무도 없으므로 누구나 부자인 것입니다. 그러니 이런 나라에서 즐거움, 마음의 평화, 불안으로부터의 해방보다 더 큰 재산이 있을까요?

유토피아인들은 끼니를 걱정하거나, 아내의 애처로운 요구를 듣고 마음이 상하거나, 아들의 빈곤을 두려워하거나, 딸의 지참금을 마련하기 위해 허우적거리지 않습니다. 대신 자신과 아내, 자식과 손자와 증손자와 고손자 등 자손이 번창하기를 바라는 가문에서 그러는 것처럼 언제나 먹을 것이 넉넉하며, 언제나 스스로를 행복하게 할 수 있습니다. 또한 너무 나이가 들어 일을 못하게 되더라도 일할 능력이 있는 사람들과 다름없이 모든 보장을 받을 수 있습니다.

자, 감히 어느 누가 유토피아의 이런 공정한 제도들을 다른 나라의 이른바 정의라고 부르는 것들과 비교할 수 있겠습니까? 다른 나라에서 정의나 공정함을 눈곱만큼이라도 본 적이 있었다면 지옥에 떨어져도 좋습니다. 다음과 같은 일들을 두고 어떻게 정의라고 부를 수 있겠습니까?

귀족들이나 금 세공업자,[44] 고리대금업자들은 아무 일도 하지 않
거나, 하더라도 쓸모없는 일만 하는데도 게으름을 피우고, 또 그런
쓸모없는 일을 하는 대가로 호사스럽고 사치스러운 생활을 보장받
고 있습니다.

반면 노동자와 마부와 목수와 농부들은 짐마차를 끄는 말처럼
쉴 새 없이 일만 하기 때문에, 그들이 일하기를 멈춘다면 일 년도
못 버틸 나라가 많습니다. 그런데 그들의 상황은 어떻습니까? 제
대로 먹지도 못하고, 오히려 짐마차를 끄는 말들이 그들보다 더 잘
산다고 할 만큼 비참한 생활을 하고 있습니다. 적어도 짐마차를 끄
는 말들은 그들처럼 오랜 시간 동안 일하지 않아도 되며, 먹이도
그다지 나쁘지 않아 즐길 수도 있고, 더구나 장래에 대한 걱정도
없습니다. 하지만 노동자나 마부나 목수나 농민은 아무런 보답도
받지 못하고 현재의 중노동에 시달릴 뿐만 아니라, 가난에 찌든 노
후를 걱정해야 합니다. 그들의 하루 임금은 노후를 위해 저축할 것
이 없음은 말할 필요도 없고, 그날그날을 살아가는 데도 턱없이 모
자랍니다.


## 모든 사회악의 근원, 돈

전혀 생산적이지 않은 일을 하거나 사치품 혹은 오락용품 따위

---

**44**  당시 금 세공업자는 은행가 역할을 하고 있었다.

**켄틴 메치스 | 고리대금업자와 그의 아내**

이 당시 금 세공업자는 고리대금업을 하는 개인 은행가에 가까
웠다. 그 외에도 자본을 축적한 장사꾼들은 가난한 사람들을 상
대로 고리대금업을 해서 사회적으로 지탄의 대상이 되었다.

를 만들어내는 이른바 귀족, 금 세공업자 같은 사람들에게는 아낌없이 엄청난 보상을 해주면서 농부나, 광부, 노동자, 마부, 목수 등 그들 없이는 사회가 존립조차 할 수 없는 사람들을 위해서는 그와 같은 배려를 해주지 않는 사회제도 내에서 공정함이나 감사하는 마음 따위를 찾아볼 수 있겠습니까?

이런 사람들이 늙고 병들어 궁핍해지면 그들에 대한 배은망덕은 절정에 달합니다. 가장 왕성한 시기에는 마음껏 부려먹었으면서, 그 사회는 그들이 잠도 못 자고 봉사했던 것에 대해서는 모두 잊어버립니다. 그들이 대신 해주었던 중요한 일들의 대가는 비참하게 죽도록 내버려두는 것입니다.

그것도 모자라 부자들은 개인적인 부정뿐만이 아니라 공공의 입법권까지 동원하여 가난한 사람들의 터무니없이 적은 소득마저 하루하루 깎아버리고 있습니다. 사회에 가장 많은 공헌을 한 사람들에게 쥐꼬리만한 보답을 하고 있는 기존의 불공정한 제도로도 모자라다는 듯이 그 불공평을 더욱 악화시키고, 더 나아가 그러한 불공정을 법을 동원하여 정의라고 표현하기까지 합니다.

사실 현재 세계에서 널리 운영되고 있는 사회제도에서는 ——정말 끔찍한 일이기는 하지만 —— 사회를 운영한다는 미명하에 부자들이 자신들의 이익만을 꾀하려 하는 음모 외에는 아무것도 발견할 수 없습니다.

그들은 우선적으로 부정한 방법으로 얻은 재산을 안전하게 지키기 위해, 그 다음으로는 가난한 사람들의 노동력을 가능한 한 값싸게 사서 가난한 사람들을 착취하기 위해 모든 종류의 속임수와 사기 방법을 만들어냅니다.

부자들이 이러한 속임수와 사기를 사회가 인정하도록 —— 여기에는 가난한 사람들도 포함됩니다 —— 만들어야겠다고 마음먹으면 그들은 곧 법적인 강제력을 갖게 됩니다. 이렇게 해서 파렴치한 소수의 사람들이 채워지지 않을 탐욕을 위해 전 국민에게 공급하고도 남을 만한 물품을 독점하는 것입니다.

하지만 이러한 사람들조차도 유토피아에서는 더 행복하게 살 수 있을 것입니다! 그곳에서는 돈은 물론 돈을 벌겠다는 욕망도 한꺼번에 제거되었기 때문에 수많은 사회문제들이 해결되었으며 수많은 범죄들이 사라졌습니다!

돈이 사라졌다는 것은 매일 처벌한다 해도 억제하지도 못하는 온갖 범죄 행위, 즉 사기와 절도와 강도와 주거침입, 폭동과 반란과 살인, 배신, 독살 등이 모두 사라졌다는 것을 의미하기 때문입니다. 그리고 돈이 사라지는 즉시, 공포와 갈등과 불안과 과로 그리고 잠 못 이루는 노동도 사라질 수 있습니다. 언제나 그 해결책으로 돈이 필요하게 마련인 가난이라는 문제도, 더 이상 돈이 존재하지 않게 되면 즉시 사라져버립니다.


### 세계의 진보를 막는 지옥의 뱀, 인간의 오만

이 점에 대해 보다 명확하게 설명해드리겠습니다. 흉년이 들어 수천 명이 굶어 죽었던 어느 한 해를 돌이켜보십시오. 분명히 말씀 드립니다만, 흉년이 들었던 그해 연말에 모든 부잣집의 곳간을 뒤져보았다면 영양실조와 질병으로 생명을 잃은 사람들을 충분히 먹이고도 남을 만한 곡식을 찾아낼 수 있었을 것입니다. 흉년은 악천후나 나쁜 토지 때문에 벌어지는 일이지만 그 참혹한 결과만은 방지할 수 있었던 것입니다.

저 빌어먹을 골칫거리인 돈만 없었다면 누구나 쉽게 충분한 음식을 얻을 수 있고, 양식을 보다 더 쉽게 분배할 수 있는 좋은 제도를 만들어냈을 것입니다. 현실적으로 양식을 더욱 얻기 힘들게 만드는 방해물은 돈밖에 없습니다.

부자들도 이러한 사실을 아주 잘 알고 있는 것이 분명합니다. 필요하지 않은 것들을 많이 소유하는 것보다 필요한 것을 모두 소유하는 것, 엄청난 재산으로 보호막을 만들어 숨어 있는 것보다 위험 지역을 벗어나버리는 것이 훨씬 좋다는 것을 알고 있다고 확신합니다. 그리고 만약 모든 사악함의 야수적인 근원인 오만이 없었다면, 자신의 이익 혹은 그리스도의 권위를 위해서라도 이미 오래전에 유토피아의 제도를 받아들였을 것이라고 믿습니다. 전지전능한 그리스도는 인간을 위해 가장 좋은 것이 무엇인가를 알고 있으며 또 자비롭게 그것을 권유해주었습니다.

그러나 오만함은 인간으로 하여금 부유함이란 필요한 것을 스스로 얻는 것이 아니라, 남들이 갖지 못한 것을 얻는 것이라 생각하도록 만들었습니다. 오만한 인간은 제멋대로 부리면서 흐뭇하게 바라볼 수 있는 하층계급이 없다면 천국이라 할지라도 들어서려 하지 않을 것입니다. 그들의 고통이 자신의 행복을 전혀 돋보이게 해주지도 않으며, 자신의 재산을 아무리 뽐낸다 해도 빈곤 때문에 그들이 겪는 고통을 더 심하게 만들 수는 없는데 말입니다.

인간의 마음속을 미끄러지듯 기어 다니는 지옥의 뱀처럼, 혹은 국가라는 선박에 들러붙은 빨판상어[45]처럼, 언제나 우리들이 앞으로 나아가지 못하도록 발목을 붙잡고, 훨씬 더 나은 생활방식으로 발전해가는 것을 방해합니다.

하지만 이러한 결함은 인간의 천성에 뿌리 깊이 박혀 있어 쉽게 없앨 수도 없는 것이어서, 전 세계적으로 받아들이기를 바라는 이 제도를 적어도 한 나라에서는 잘 운용하고 있다는 사실에 만족하는 수밖에 없군요.

유토피아의 생활방식은 문명사회를 위한 가장 행복한 기반을 제공하고 있을 뿐만 아니라, 인류가 존속하는 한 영원히 지속될 제도입니다. 유토피아인들은 야심과 정치적 분쟁 같은 모든 근본적인 원인들을 없애버렸습니다. 그러므로 유토피아에는 수많은 난공불락의 도시를 파멸로 몰아넣었던 내부 분열의 위험이 전혀 없습니다.

그리고 유토피아가 국내적으로 통합과 건전한 통치체제를 유지하는 한, 이웃 나라의 왕들이 아무리 시기한다 해도 그들의 힘을

---

45 모어의 시대에는 빨판상어가 배를 움직이지 못하게 할 수 있다고 생각했다.

약화시키지 못할 뿐만 아니라 흔들리게 하지도 못할 것입니다. 과거 이웃 나라의 왕들은 기회가 닿을 때마다 그렇게 하려 시도했지만, 언제나 패퇴하고 말았던 것입니다.


## 기대할 수 없지만 바라는 것

라파엘이 이러한 이야기들을 해주고 있는 동안, 나는 머릿속으로 줄곧 동의할 수 없는 부분들에 대해 생각하고 있었다. 내 입장에서는 그 나라의 법률과 관습들 중에 우스꽝스러운 것들이 많았던 것이다.

그들의 군사 전략, 종교 그리고 예배 형식들은 논외로 하더라도, 화폐가 없는 공유 제도를 그들 사회 전체의 기반으로 삼고 있다는 것은 무척이나 불합리했다. 그러한 제도는 어느 나라에서나 일반적으로 진정한 영광이라고 여기는 귀족 정치의 종말을 의미하는 것으로, 그에 수반되는 모든 권위와 영광과 위엄도 사라진다는 것을 의미하는 것이기 때문이었다.

하지만 그가 오랫동안 이야기를 하느라 피곤해 한다는 것을 알고 있었고, 따라서 자신의 의견과 상반되는 견해에 대해 얼마나 참을성을 보일 것인지 알 수 없었다. 특히 다른 사람의 생각에서 허점을 찾아내지 못하면 바보처럼 보일까봐 겁내는 사람들에 대해 그가 빈정거리는 듯한 어투로 말하던 것이 생각났던 것이다.

그래서 나는 유토피아의 제도에 대해 호감 어린 내 느낌을 전하고, 홍미진진한 이야기를 들려준 것에 고맙다고 인사했다. 그러고 나서 그의 팔을 끌며 저녁 식사나 하자고 권하며 이렇게 말했다.

"이리저리 생각을 많이 해보아야 할 것 같군요. 그런 다음에 다시 만나서 좀더 오랫동안 토론해보기로 하죠."

나는 진심으로 언젠가는 그렇게 할 수 있기를 원한다. 라파엘이 학식과 경험이 풍부한 사람인 것만은 틀림없지만, 나는 그가 해준 모든 이야기에 전적으로 동의할 수는 없다. 하지만 유토피아 공화국에 많은 장점들이 있다는 것을 솔직히 인정하고 있으며, 거의 기대할 수 없는 일이겠지만, 유럽에서도 그들의 제도를 받아들이는 것을 보고 싶다.

# UTOPIA

## 부록

- 『유토피아』에 대하여
- 토마스 모어와 주변 인물들
- 『유토피아』의 탄생에 영향을 미친
  세 가지 요인

# 『유토피아』에 대하여

1516년 간행된 『유토피아』의 원제는 『최상의 공화국과 새로운 섬 유토피아에 관하여De Optimo Reipublicae Statu deque Nova Insula Utopia』이다. 라틴어로 씌어진 이 작품은 대화 형식으로 가상의 섬나라 유토피아의 사회제도와 종교 그리고 정치와 풍습 등을 세밀하게 묘사한 공상소설이자 사회비판서이다.

유토피아는 그리스어로 '없다'는 의미의 'ou'와 '장소'를 뜻하는 'topos'를 합성한 것으로, '어디에도 없는 곳'이라는 뜻이다. 하나의 완벽한 사회이면서 궁극적으로는 실현 불가능한 사회라는 뜻을 동시에 갖고 있는 셈이다. 하지만 작품이 출간된 이후 '유토피아'는 모든 것이 완벽한 이상향을 뜻하는 일반명사로 굳어졌다.

토마스 모어는 1515년 5월 외교사절로 플랑드르를 방문했을 때 유토피아를 집필하기 시작했다. 책의 두번째 부분이 될 유토피아 사회에 대한 소개를 먼저 쓰기 시작했고, 1516년에 고국으로 돌아와 앞부분인 제1권을 써 책을 완성했다. 그해 에라스무스의 편집을 거쳐 루바인Louvain에서 출간했으며, 모어의 수정을 거쳐 1518년에 바젤Basel에서 재출간했다.

모어가 처형당한 후 16년이 지난 1551년에 랄프 로빈슨의 번역으로 최초의 영문 번역본이 영국에서 출간되었고, 1684년에 길버트 버넷에 의해 가장 일반적으로 인용되는 번역본으로 출간되었다.

1516년에 출간된 『유토피아』 초판 표지

## 유토피아의 구성

『유토피아』는 토마스 모어가 대륙에서 만났던 두 명의 실존 인물과 주고받았던 편지들로 시작된다. 피터 자일즈는 앤트워프시의 서기관이었으며 제롬 버스라이덴은 찰스 5세의 고문관이었다.

이 두 편의 편지는 유토피아에 대한 이야기를 들려주는 라파엘이란 인물을 실제로 만났던 것처럼 꾸며, 『유토피아』에 수록된 내용이 마치 사실인 것처럼 받아들이도록 만드는 일종의 문학적 장치이다. 모어는 같은 목적으로 유토피아의 알파벳과 4행시 한 편을 덧붙여두기도 했다.

제1권에서는 유토피아에 대한 이야기를 들려줄 여행가 라파엘 히

**홀바인** |
1518년에 출간된 『유토피아』에 실린 그림.
맨 왼쪽에 손가락으로 위쪽을 가리키며 설
명하는 사람이 라파엘이다.

드로다에우스가 어떤 인물인지를 소개한다. 모어는 라파엘을 아메리
고 베스푸치의 역사적인 탐험에 참여한 사람으로 설정해, 이야기의
신빙성을 확보하려는 장치를 해놓는다.

　현실 정치에 참여하고 있던 모어와 자일즈는 폭넓은 견문과 독특
한 철학을 가진 라파엘과 '군주와 다른 생각을 가진 사람이 군주의 고
문관으로 활동하는 것이 가능한가'에 관해 토론한다. 이 대화에서 라
파엘은 당시 유럽에 만연했던 영토 뺏기 전쟁의 무모함과 사형이라는
형벌에도 불구하고 절도범이 사라지지 않는 이유와, 이성적인 철학을
가진 사람은 궁정 고문관이 될 수 없는 이유 등을 현실적인 사례들을
들어가며 명쾌하게 전개해나간다.

제2권에서는 라파엘이 이상적인 나라로 생각하고 있는 유토피아의 사회 정치체제와 정치사상과 종교 등에 대한 상세한 이야기가 흥미진진하게 펼쳐진다.

유토피아는 인간의 존엄성과 자유를 최우선으로 추구하는 나라로, 공동체의 질서와 평화를 위한 최소한의 권력과 최소한의 통제로 유지되는 사회이다. 누구나 열심히 일하지만 사유재산을 축적하지 않으며, 집과 옷을 비롯한 물품들은 필요에 따라 공평하게 분배된다.

남녀가 평등하게 교육을 받으며 신분에 따른 위계질서보다 공공의 도덕을 중시한다. 모든 종교를 관용하고 자연스러운 쾌락을 추구하며, 재물과 영토를 늘리기 위한 전쟁을 혐오한다. 한마디로 당시 유럽 사회에서는 전혀 상상할 수 없는, 이상적인 국가에 대한 이야기를 들려주는 것이다.

라파엘의 입을 빌려 유토피아의 제도와 풍습으로 소개된 제2권의 내용들, 즉 이혼과 안락사, 여성 사제의 임명, 타 종교에 대한 관용 등은 독실한 가톨릭 신자로서 자신의 신념을 지키기 위해 죽음을 불사한 모어의 신앙과는 상반되는 것들이었다. 자신이 영국에서 가장 영향력 있는 변호사였으면서도 법률과 변호사들을 야유하고, 부유한 대지주였던 그가 사유재산을 부정하고 돈을 경멸하는 말을 서슴없이 하는 것도 아이러니하다.

모어는 자신이 묘사한 유토피아를 '완벽한 사회'라고 생각하지는 않았다. 오히려 그는 상상 속의 섬나라에서 구현하고 있는 독특한 정치사상을 당대의 혼란스러운 유럽의 정치 상황과 극명하게 대비시켜, 당대의 여러 가지 사회적 이슈들을 활발히 토론해보기를 원했던 것이다.

하지만 모어는 책 속에서 제안하고 있는 생각들에 어느 정도는 동감하고 있었던 것으로 보인다. 모어는 주로 유럽의 사람들과 그 사회 체제를 소박하고 단순한 체제로 운영하는 유토피아를 극명하게 대비시켜 풍자하고 냉소하는 방법으로, 당시 사회와 정치에 대해 통렬한 비판을 가한다.

이 시대를 대표하는 인문학자이자 모어의 절친한 친구였던 에라스무스가 "모든 정치적 악의 근원이 어디에 있는가를 알고자 한다면『유토피아』를 읽으라"고 한 것은 바로 그런 책의 성격을 드러내주는 말이다. 다만 가상의 인물을 통해 가상의 장소에 대한 이야기를 하는 방법으로 그 자신의 급진적인 정치사상과 일정하게 거리를 둘 수 있는 장치를 마련한 것으로 볼 수 있다.


### 『유토피아』를 탄생시킨 사회적 배경

『유토피아』는 이상사회를 그리고 있지만 그 배경에는 16세기 초의 영국 사회가 적나라하게 반영되어 있다.

당시 영국은 봉건체제가 붕괴되고 자본주의 경제체제가 싹트기 시작하고 있던 때였다. 제1권에 나오는 "양이 사람을 잡아먹는다"는 표현은 당시 영국 사회의 병폐를 한마디로 집약한 유명한 말이다. 모직 공업이 발달하고 모직 가격이 상승하면서 지주들은 더 많은 양을 기르기 위해 농토를 갈아엎었고, 공동 이용이 가능한 토지에 담이나 울타리 등의 경계선을 쳐서 사유지로 만드는 '인클로저Enclosure' 운동이 일어나기 시작했다. 이로 인해 농민들은 경작지를 잃고 도시 빈민으로 전락해 비참한 삶을 사는 반면, 수익이 많아진 귀족들과 사제들의 사치와 낭비는 극에 달했다.

1518년에 출간된 『유토피아』에 실린 그림
벤치에 앉아 라파엘의 이야기를 듣고 있는 모어와 자일즈

　이렇게 부가 극단적으로 편중되는 사회의 부조리함에 분노를 느꼈던 모어는 사유재산이 인정되지 않으며 생산과 분배가 동일하게 이뤄지는 평등 사회를 꿈꾸었다. 그가 영국 사회의 폐단과 모순, 교회의 타락과 성직자들의 부패 등을 고발하고 비판하는 이면에는 비참하고 힘겹게 살아가고 있는 소외된 민중들에 대한 깊은 연민과 애정이 담겨 있는 것이다.

　또한 당시 유럽사회는 정치, 종교, 사회 등 여러 분야에서 변화의 소용돌이에 휩싸인 격변의 시기였다. 즉 유럽사회를 중세에서 근대로 옮겨가게 만든 세 가지 큰 흐름이 있었던 것이다. 그것은 르네상스와 휴머니즘, 종교개혁, 그리고 지리상의 발견으로 인한 세계의 확대였다(257참조). 이러한 사회 변화를 통해 일어난 사상과 인식의 변화는 모어에게도 큰 영향을 미쳤으며, 당시의 사회상과 달라진 인식을 바탕으로 쓰여진 『유토피아』에 그대로 반영되었다.

## 『유토피아』의 문학 사상적 가치

『유토피아』는 이상향을 뜻하는 '유토피아'라는 말을 최초로 만들어낸 작품이기도 하지만 그 자체가 가장 뛰어난 유토피아 문학으로 평가된다. 가상 인물에 박진감을 주기 위해 실존 인물을 끌어들이고 편지와 대화를 삽입하는 등의 소설적 장치와, 당시 유럽사회에 대한 예리한 비판을 역설과 유머와 냉소를 담아 서술함으로써 극적인 재미를 풍부하게 했다.

또한 이것이 단순한 풍자에 그치지 않고 인간으로서 추구해야 할 이상적인 국가상을 밀도 있게 그려냄으로써 공상소설로서도 손색없는 면모를 갖추고 있다.

물론 이상국가에 대한 책으로는 플라톤의 『국가론』이 가장 오래된 것이라 볼 수 있다. 모어 역시 이 책에서 사상적인 영향을 받았으며, 실제로 『유토피아』에는 『국가론』에 언급된 내용이 실려 있기도 하다. 『국가론』은 이상국가의 4주덕인 지혜, 절제, 용기, 정의 중에서 정의가 실현되고, 재산을 공유하는 이상사회를 그린 것이다.

플라톤의 『국가론』이 국가의 이상적 목적과 추상적 정의에 대해 설명했다면, 모어는 시민들의 행복을 과시하기 위한 새로운 제도와 원리를 묘사한 것이 아니라, 현실의 모순을 타개할 적극적인 대안으로서의 제도들을 보여주고 있다는 것이 차이점이다. 결과적으로 '유토피아'의 중요성은 그 이상(理想)에 있다기보다 그 비판성에 있다고 할 것이다.

『유토피아』는 출간된 이후로 수많은 문학작품들에 영향을 끼쳤다. 토마스 캄파넬라의 『도시와 태양』, 요하네스 안드레아의 『크리스티아 노폴리스 공화국 묘사』, 프랜시스 베이컨의 『뉴 아틀란티스』, 볼테르의 『캉디드』 등 수없이 많은 작품들 속에 토마스 모어의 유토피아가 숨 쉬고 있다.

또 한 가지 알아두어야 할 것은 『유토피아』에 나오는 사유재산의 부정이라는 공산주의적인 생각과 마르크스의 공산주의 사상의 차이이다. 토마스 모어의 공산주의적인 생각이 300년 후에 마르크스에 의해 계승된 것처럼 보이지만, 『유토피아』에서의 공산주의에 대한 언급은 마르크스와는 전혀 다른 역사적 맥락 속에서 생성된 것이다.

유토피아인들은 마르크스의 주장처럼 사회주의적인 동기가 아닌 쾌락주의적인 목표에 다가가는 수단으로써 공산주의적인 노동을 했던 것이다. 또한 모두가 노동을 하고 모든 것을 공유하는 것이었다.

찬사와 비난을 한 몸에 받았던 이 작품을 통해 토마스 모어가 의도했던 것은 혼란하기만 한 현실 속에서 적극적으로 새로운 대안과 체제를 만들기 위해서는 정치가, 법률가, 기독교인으로서 역할과 책임을 다해야 한다는 것이었다. 가상의 섬나라 이야기를 통해 '어떻게 하면 보다 더 나은 국가를 만들 수 있을까?'에 몰두하고 있는 진실한 정치가로서의 그의 모습과, 신념을 위해 처형당하는 것을 두려워하지 않았던 자유인으로서의 모습이 이 작품 속에 아름답게 투영되어 있다.

# 토마스 모어와 주변 인물들

## 토마스 모어 Thomas More(1478~1535)

### 신앙과 인문학에 심취한 어린 시절

토마스 모어는 고등법원 판사인 존 모어의 장남으로 태어났다. 명문인 세인트앤소니 학교에서 공부한 뒤 캔터베리 대주교이자 대법관인 존 모틴 경의 시동으로 그의 집에 들어갔다. 모어의 재능을 알아본 모턴은 "이 총명한 아이는 언젠가 위대한 인물이 될 것"이라고 예견했다. 모턴 경은 모어를 옥스퍼드에 입학시켰고, 그곳에서 모어는 라틴어와 논리학 등을 공부하면서 르네상스와 종교개혁 사상 등을 접했다.

그러나 법률가가 되기를 바랐던 아버지의 뜻에 따라 링컨법학원에 입학해 일반법을 공부했다. 모어는 법률 공부 외에 인문학에 심취해,

**모어의 가족**
왼쪽부터 첫째딸, 둘째딸, 아버지 존 모어 경, 가장 중앙이 토마스 모어

성서를 비롯해 교부철학, 고전문학 등 각 분야의 책들을 두루 섭렵했다. 한때 사제직에 대한 소명을 느껴 링컨법학원 부설 카르투치오 수도원에 4년간 머물기도 했으나, 오랜 명상 끝에 평신도로서 신과 인간 모두에게 봉사하기로 결정한다.


## 수도사처럼 청빈했던 가정생활

1505년 모어는 지주의 딸인 제인 콜트와 결혼했다. 정규 교육을 받지 못한 그녀에게 라틴어와 음악 등을 가르쳐 외국 방문객들을 맞기에 손색이 없을 정도의 교양을 갖추게 했다. 그러나 제인과 평생을 함께 하지는 못했다. 1511년 제인은 넷째 아이를 출산하던 중에 죽고, 모어는 런던 직물상의 미망인인 앨리스 미들턴과 재혼했다. 앨리스 역시 교육을 받지는 못했지만 대가족의 안주인으로서의 역할을 충실히 해낸 좋은 아내였다.

모어의 평상시 생활 모습은 수도자와 닮아 있었다. 아침 일찍 일어나 기도시간을 가졌으며, 소박한 모직 셔츠를 걸치고 절제된 식사를 했다. 무엇을 하든 지극한 신앙심이 바탕이 되었던 그는 마치 수도자와 같은 청빈하고 절제된 생활방식을 선호했다. 한편 그의 집은 자녀들을 위해 채용한 가정교사들이 다양한 주제들을 교육하고, 젊은 인문학자들이 모여 서로 토론하고 배우는 지성의 공간이 되기도 했다.

## 궁정에 들어가기 이전의 행적들

1500년에 변호사 자격을 획득한 모어는 4년 뒤 의회에 진출했으나, 헨리 7세가 강요하는 과중한 세금법안에 반대하다 왕의 미움을 사게 되어 공직에서 물러난다. 그리고 법학 연구와 번역 등에 몰두하면서 조용한 나날을 보냈다.

1509년 왕위에 오른 헨리 8세는 모어를 적극 기용해 왕립법학원의 감독관으로 임명했다. 그는 런던의 상사와 앤트워프 상인들 간의 협상과정을 통해 통상문제 전반에 관한 능력을 인정받았고, 이후 런던의 민선행정관 대리로 일하면서 공평한 재판관이자 빈민들의 보호자로서 시민들의 사랑을 받았다.

1515년에는 영국과 플랑드르 통상조약의 개정을 위한 협상 대표로 임명되어 브뤼주에서 열린 통상회의에 참여하였다. 이 통상회의가 바로 『유토피아』 제1권 첫머리 '헨리 8세 전하와 카스틸랴의 찰스 전하의 '심각한 의견 차이'를 조율하기 위한 것이었다(255쪽 찰스 5세 참조).

상서경 울지(왼쪽)와 논쟁하는 토마스 모어

모어가 이 사절단에 참여하게 된 것은 런던의 상인들이 자신들의 이익을 대변하기 위해 그의 참여를 강력하게 요청했기 때문이었다.

그는 이 기간 동안 만난 사람들과 방문한 도시들에서 영감을 얻어 『유토피아』제2권의 주요 부분을 저술했으며, 제1권은 귀국한 후에 완성했다.

## 왕의 충실한 종복으로 보낸 시절

1520~1521년 모어는 칼레와 브뤼주에서 있었던 카를 5세 및 한자동맹과의 협상에 참여한 뒤 재무장관으로 승진했고 기사 작위를 수여받았다. 또한 이 무렵 종교개혁 논쟁에 뛰어들었다. 그는 국왕 헨리 8세를 도와 루터의 『바빌론 유수에 관하여』에 응수했고 『성사의 옹호』와

『반루터론』 등을 내놓았다. 가톨릭 신앙과 로마 교황에게 충성을 다했던 헨리 8세를 충실히 보좌하면서 자신의 신앙을 돈독히 했던 것이다.

1523년 하원의장으로 선출된 모어는 1525년 랭커스터령의 상서경(대법관직을 겸하면서 신하로서 국사를 돌보는 최고위 직책)에 올라 북부 지방의 대부분을 관할하게 되었다. 그러나 헨리 8세가 왕비 캐서린과의 결혼을 무효화하고 앤 불린과 결혼을 시도할 때부터 헨리 8세와 모어의 신뢰 관계는 금이 가기 시작했다.

1529년 로마 교황청으로부터 캐서린과의 이혼 허락을 얻어내기 위해 갖가지 방법을 동원했던 상서경 울지가 이에 실패하고 실각한 후 그의 후임으로 대법관에 올랐다. 그러나 철저한 가톨릭 신자였던 그는 귀족과 성직자들이 바티칸에 이혼청구서를 제출하려 했을 때는 이에 대한 서명을 거부했다. 급기야 헨리 8세가 자신의 야망을 위해 로마 가톨릭에서 탈퇴하고 영국 국교회를 설립하자, 모어는 헨리 8세와 결별하기로 결심한다. 그리고 마침내 캔터베리 성직자회의가 헨리를 영국 국교회의 수장으로 맞아들일 것을 수락한 날, 그는 공직에서 물러났다.

### 신앙을 위해 죽음을 택하다

1533년 앤 불린의 왕비 즉위식에 참여하지 않은 모어는 사적인 모든 권리를 박탈당했고, 1534년 앤 불린에게서 태어난 자식에게 왕위를 계승한다는 '계승률'에 서명하기를 거부함으로써 헨리 8세에 의해 런던탑에 감금된다.

계승률은 단순히 왕위 계승의 문제가 아니라 본질적으로 로마 교황의 권위를 부인하는 것이었다. 이는 교황이 승인한 캐서린과의 결혼이 불법이 되고, 원천적으로 무효화하는 것이었기 때문이다.

이미 모든 것을 각오하고 있었던 모어는 감금과 죽음의 공포에도 흔들리지 않았으며, 가족들만 아니면 그보다 더한 형벌이라도 달게 받았을 것이라고 말했다. 그리고 15개월을 감금되어 있는 동안 신앙에 관한 지혜문학의 명저로 꼽히는 『시련과 위안』을 저술하는 데 몰두했다.

런던탑에 감금되기 전 첫째딸과 작별인사를 나누는 토마스 모어

1535년 열린 재판에서 그는 반역죄로 사형 선고를 받았다. 타워 힐의 사형대로 다가선 모어는 "저는 이제 가톨릭 교회의 믿음 속에서 가톨릭 교회의 믿음을 위해 죽습니다. 국왕 폐하의 충실한 종복임에는 틀림없지만 그 이전에 순종하는 주님의 종이기 때문입니다"라는 말을 남겼다. 그리고 집행을 머뭇거리는 집행인에게 "기운을 내고 자네의 임무를 행하게. 내 목은 짧으니 조심해서 자르게"라고 말한 후 최후를 마쳤다.

그의 죽음은 전 유럽을 경악시켰고, 그와 논쟁을 벌였던 신교국가들에게까지 의문을 남겼다. 절친하게 지냈던 인문학자 에라스무스는 모어에게 '사계절의 사나이'라는 별칭을 붙여주었으며, 그의 모습을 이렇게 평했다.

"그는 유난히 흰 피부에 짙푸른 회색 눈동자를 갖고 있었다. 저음과 놀라운 기억력으로 즉흥적인 응수에 능란했으며 가장 지루한 사물로부터도 즐거움을 이끌어낼 수 있는 사교의 명수였다. 그는 눈보다 순결한 영혼을 가진 사람이었다. 영국은 과거에도 그리고 이후로도 그와 같은 천재를 다시 발견할 수 없을 것이다."

로마 교황청은 그의 사후 400년이 지난 1935년 모어에게 성인의 칭호를 부여했다.


## 저술을 통해 남긴 업적들

저술을 통해 모어가 남긴 업적들은 대부분 헨리 8세를 위해 공직에서 일하기 전에 이루어졌다. 철학적, 역사적 방법으로 유토피아 국가론을 해석한 아우구스티누스의 『신국론』 강의록을 집필했으며, 1510년에는 모어가 삶의 본보기로 삼았던 이탈리아 인문주의자 피코델라 미란돌라의 전기 『피코델라 미란돌라전』을 영문으로 번역했다. 그리고 1516년에는 자신의 국가관과 사회관을 담아낸 명작 『유토피아』를 출간했다.

1513년에서 1518까지 3년간 매달린 『리처드 3세전』는 미완성작임에도 불구하고 역사 기술(記鈺)의 신기원을 이룩했다는 평가를 받았으며, 후대 역사가들에게 많은 영향을 끼쳤다. 또한 셰익스피어는 이를 바탕으로 『리처드 3세』라는 희곡을 썼다.

마지막으로 헨리 8세에 의해 런던탑에 갇혀 있는 동안 신앙고백서인 『시련과 위안』을 집필했으며, 이 책은 기독교 지혜문학의 정수로 손꼽히고 있다.

# 헨리 8세 Henry Ⅷ(1491~1547)

헨리 8세는 튜더 왕조의 첫번째 왕이었던 헨리 7세와 요크 왕가의 첫번째 왕 에드워드 4세의 딸인 엘리자베스의 둘째 아들로 태어났으나, 형 아서가 일찍 죽자 왕위 계승자가 되었다.

왕위에 오른 그는 형수였던 캐서린과 결혼하고, 장인인 아라곤의 페르난도 2세가 이탈리아의 지배권을 두고 프랑스와 싸웠던 전쟁에 동참했다.

그는 전쟁에 능한 왕은 아니었으나 군사적 행동을 감행한 것은 국민들에게 인기를 얻는 수단이 되었다. 그러나 카를 5세가 막시밀리안 1세의 뒤를 이어 신성로마제국의 황제가 되면서 프랑스 세력을 일시에 꺾어버리자, 그의 영향력과 인기도 쇠퇴해갔다.

헨리는 추기경 토마스 울지를 전적으로 신뢰해 그에게 중요한 국가의 정책들을 맡겼는데, 울지의 정책들은 가난한 사람들의 반감을 샀다. 특히 부족한 재정수입을 메우기 위해 특별세를 거두려 했다가 전국민적인 조세저항운동이 일어나자 과세를 취소하기도 했다.

그는 불리한 여론과 불안한 정국을 돌파하는 방법으로 캐서린과의 이혼을 진행했다. 캐서린이 낳은 아이들이 죽는 것은 자신이 형수와 결혼하는 죄를 범했기 때문이라는 이유를 내세웠으나, 실제로는 외동딸 메리의 왕위 계승에 불안을 느낀 헨리가 아들을 얻기 위해 일찍부터 가까이 지냈던 궁녀 앤 불린과 결혼하기 위해서였다.

그러나 교황 클레멘스 7세가 이를 승인해주지 않자, 헨리는 로마 가톨릭과 결별하고 자신이 수장이 되는 영국 국교회를 설립했다. 교황은 그를 파문했지만 그는 개의치 않았다. 캐서린과의 결혼을 무효화하고 앤 불린과 결혼한 헨리는 앤에게서 얻은 자식에게 왕위를 물려주려는 자신의 생각에 동의하지 않는 대신들을 반역죄로 처형했다.

앤 불린

헨리는 앤이 딸 엘리자베스를 낳은 후 아들이 없자 오빠와 근친상간을 했다는 구실로 처형하고, 앤의 시녀였던 제인 시모어와 다시 결혼한다.

그러나 바라던 아들 에드워드를 낳은 제인은 출산한 지 12일만에 죽고, 헨리는 2년 후 클레브스 공작의 누이인 앤과 정략

제인 시모어

결혼을 한다. 하지만 처음 본 앤의 얼굴에 질린 그는 신속하게 이혼 수속을 밟고 만다. 그 후 또다시 캐서린 하워드와 결혼하지만, 그녀는 난잡한 생활로 인해 단두대에서 처형당한다. 그리고 마지막으로 캐서린 파와 결혼해서야 뒤늦은 안정을 얻는다.

한때 크롬웰을 기용해 정국의 개혁을 꾀하기도 했던 헨리 8세는 그마저 처형한 후 혼자서 전쟁과 내정 등 모든 문제를 처리했다. 그러나, 스코틀랜드를 영국의 국토로 귀속시키려던 자신의 야망을 끝내 이루지 못하고 세상을 떠났다.

# 찰스 5세 Charles Ⅴ(1500~1558)

신성로마제국의 황제(재위 1519~1556) 카를 5세, 에스파냐의 왕 카를로스 1세, 오스트리아의 대공 카를 1세이다. 영국에서는 찰스 5세로 불렸다.

아버지는 막시밀리안 1세의 아들 펠리페이며, 어머니는 아라곤의 왕녀 후아나이다. 따라서 16살에는 외가 쪽에서 에스파냐를 물려받았고, 19살에는 친가 쪽에서 독일의 합스부르크 왕가를 물려받았다. 서유럽의 패권을 두고 경쟁자인 프랑스의 왕 프랑수아 1세와 대결했으나, 1520년 독일 왕에 즉위하는 동시에 신성로마제국 황제라는 칭호를 얻었다.

그가 계승한 에스파냐와 신성로마제국은 유럽 대륙 안에서 동서로는 에스파냐에서 오스트리아까지, 남북으로는 플랑드르(네덜란드)에서 나폴리 왕국까지 걸쳐 있었고, 해외로는 에스파냐의 식민지인 아메리카에 이르렀다.

유럽의 패권을 장악한 그는 점점 커지는 프로테스탄트 세력과, 점점 강해지는 투르크 및 프랑스의 압력, 교황의 적개심에 맞서서 제국을 단결시키려고 애썼으나 뜻을 이루지 못했다.

찰스는 청년 시절 헨리 8세의 누이동생인 메리 공주와 약혼했다가 파혼하고 프랑스의 왕 프란시스 1세의 처제와 다시 약혼했다. 프랑스와의 관계를 개선하는 것이 정략적으로 더 유리하다고 판단했기 때문이었다.

헨리 8세는 이에 대한 보복으로 찰스가 통치하고 있던 플랑드르 지방에 양모 수출을 금지했다. 그러나 양모 부족 사태를 일으켜 모직 제조업이 주요 산업이었던 플랑드르의 경제를 압박하려 했던 이 계획은, 반대로 모직의 주요 수입국이었던 영국에 모직물 품귀 현상을 가져왔고 양모 무역에 타격을 주었다.

헨리 8세는 무역을 재개하기 위해 플랑드르에 사절단을 보냈는데, 이때 토마스 모어는 영국 상인조합의 요청으로 사절단의 일원이 되었다. 그리고 그 지역에서 지내는 동안 『유토피아』 제2권을 썼다.

# 『유토피아』의 탄생에
# 영향을 미친 세 가지 요인

## 르네상스

르네상스는 통상적으로 14세기에서 16세기에 걸쳐 미술, 건축, 문학, 사상 등 문화 전반에 일어난 유럽의 문예부흥을 일컫는데, 유럽의 역사는 르네상스 시대를 중세와 근세를 가름하는 중요한 기점으로 보고 있다.

르네상스란 말은 '재생(再生, rebirth)' 혹은 '부활'이라는 뜻의 이탈리아어 'Il Rinascimento(Rinascenza)'에서 비롯된 것으로, 이 단어를 처음 사용한 사람은 이탈리아의 미술가 바사리였고, 프랑스 역사가인 미슐레가 같은 뜻의 프랑스어인 'Renaissance'를 하나의 개념으로 확립하여 사용함으로써 상용화되었다.

그러나 르네상스가 인간성의 해방과 인간의 재발견, 그리고 합리적인 사유(思惟)의 길을 열어준 근대문화의 출발점이라는 해석을 확고히 한 학자는 스위스의 문화사가 부르크하르트다. 그는 르네상스와 중세를 완전히 대립된 것으로 파악하고 근세의 시작은 중세로부터가 아닌 고대로부터라고 주장했으며, 중세를 지극히 정체된 암

에라스무스

흑시대라고 평함으로써, 중세와 르네상스에 대한 평가를 확립하는 데 중대한 영향을 미쳤다.

르네상스는 고대 그리스 로마 문명을 새롭게 재인식하고 재수용하자는 취지에서 시작되었다. 르네상스라는 개념에 포함된 재생이라는 의미는 크게 두 가지로 볼 수 있는데, 하나는 고대 그리스 로마의 고전 텍스트의 재발견이며, 또 하나는 유럽 문화에 생기를 불어넣은 것 자체를 가리킨다. 이러한 르네상스 정신과 운동을 통해 재탄생된 것은 현세적, 인간중심적인 사상과 가치를 반영한 아름다움과 자유로움이었다.

르네상스가 언제 어디에서 시작되었는지를 정확하게 규정하기는 어렵지만, 일반적으로 이탈리아 중부 도시 피렌체에서 비롯되어 프랑스, 네덜란드, 영국, 독일, 오스트리아 등 유럽의 다른 국가로 퍼져나갔다고 보고 있다.

이탈리아는 지리적으로 이슬람 세계와의 접촉을 유지하여 서유럽과의 가교 역할을 해왔다. 11세기 이후 상업의 발달과 십자군 운동으로 인한 도시의 활성화로 도시는 점차 국가 조직의 형태를 띤 자치도

시가 되었으며, 13세기 말 경제 성장기에는 사회 계층의 변화가 심해져서 수많은 도시 국가들과 더불어 특유의 시민문화가 탄생되었다.

그중 이탈리아 중부의 도시 국가 피렌체는 급격한 화폐 경제의 성장으로 금융업의 요람이 되었으며, 은행을 통해 축적된 자본이 예술 산업과 직물 산업으로 흘러들어가면서 강력한 시민 계급을 형성시켰다. 특히 금융업계를 지배하고 있던 메디치 가는 피렌체는 물론이고 로마 교황청에도 영향력을 미칠 정도로 막강한 권력을 행사했다. 엄청난 자금을 가진 메디치 가는 수많은 예술가들을 후원했고, 그리스의 학자들까지 몰려들면서 피렌체는 예술과 인문주의가 꽃피는 르네상스의 요람이 되었다.


## 르네상스 시대의 인문학

르네상스의 정신을 대표하는 인물로 페트라르카를 들 수 있다. 그는 로마제국 시대에 인간이 최고의 것을 성취했고, 그 이후 점차 부패하여 중세 암흑시대까지 이르렀다고 보았다. 고대 그리스 로마의 유산을 재발견해 '재생'시켜야 한다고 생각한 그는 고전 문헌을 모으고 라틴어로 시와 책을 썼다. 고전을 되살리고 인간 중심의 사상을 연구하고자 하는 태도는 이후의 예술, 과학 등 여러 분야에 큰 영향을 미쳤으며 최초의 인문주의자라는 평가를 받았다.

문학에 있어서는 『신곡』을 통해 중세의 세계상을 종합한 단테와 『데카메론』으로 근대소설의 전형을 마련한 보카치오가 르네상스의 토대를 마련했다.

근대 자유주의의 선구자인 에라스무스 역시 르네상스 정신을 받아

레오나르도 다빈치 | 담비를 안고 있는 여인          라파엘로 | 갈라테아

들인 대표적인 인문학자이다. 그는 교회의 형식주의, 성직자들의 위선, 신학자들의 공허한 논의 등을 풍자한 『우신예찬』을 통해 교회의 타락을 신랄하게 비판했으며, 도식화되고 고착된 사고방식을 벗어나 성서의 근본정신으로 돌아갈 것을 역설하였다. 토마스 모어의 『유토피아』 역시 인간의 본성과 존엄성을 강조하는 휴머니즘 사상의 토대 위에서 씌어진 작품으로 르네상스의 시대 정신을 반영하고 있다.


### 르네상스 예술의 특징

르네상스 운동은 특히 회화와 건축 등에서 두드러지게 그 특성이 나타났다. 르네상스기의 미술가들은 고전 작품의 연구와 사실적인 자연 탐구를 통해 인간의 인격과 개성을 존중하는 화풍을 추구해나갔다. 묘사 대상을 치밀하게 관찰하고, 이상화된 인체 묘사에서 벗어나 해부학적 연구를 토대로 인체를 표현했으며, 화면상에 균형과 질서를 부여하고, 미학적 구조에 있어 합리적이고 과학적인 방법을 동원했다. 공간에 있어서는 빛과 명암이 깊이 있게 표현되었다.

이렇게 새롭고 과감한 시도들은 회화뿐 아니라 건축 · 조각 등 모든 조형 분야에서 서로 호응하면서 활성화되었다.


## 르네상스 시대의 예술가들

예술에서 르네상스 운동의 서막을 연 사람은 인체와 표정을 사실적으로 묘사함으로써 회화에 휴머니즘 정신을 구현한 피렌체의 화가 조토였다. 마사초, 보티첼리 등이 그 뒤를 이었으며, 티치아노, 라파엘로, 레오나르도 다빈치 그리고 미켈란젤로에 이르러 꽃을 피웠다.

청동 다비드 상, 막달라 마리아 등을 만든 조각가 도나텔로, 산타 마리아 델 피오레 대성당 돔을 만든 건축가 브루넬레스키 등도 이전의 표현 방식이나 공법에 변혁을 가져온 대표적인 르네상스 예술가들이다.

# 종교개혁

## 종교개혁의 배경

종교개혁과 르네상스 운동은 비슷한 시기에 서로 영향을 주고받으면서 일어났다.

르네상스의 기운이 유럽 전역에서 일어나면서 예술적인 감각을 중시하는 풍토가 로마 교회에도 밀려들었다. 교황들은 취임과 더불어 자신의 임기 내에 아름다운 교회당을 짓고 예술적으로 장식하는 것을 큰 보람과 업적으로 여겼다.

이러한 사업을 감당하기 위해서는 거액의 자금이 필요했다. 그 자금을 마련하기 위해 교황청은 십일조를 비롯해 첫수입세, 면죄부 등 각종 이름이 붙은 헌금을 강요하고, 매일같이 지속되는 성자의 날 기념 미사와 개인을 뤼한 특별 미사 등을 명목으로 신도들을 수탈해갔다.

종교개혁의 기폭제 역할을 한 것은 면죄부였다. 중세의 참회제도에 의하면 인간은 영세를 받으면 지옥에는 가지 않지만, 그렇다고 천국으로 직행할 수 있는 것도 아니었다. 인간의 죄는 사제를 통한 죄의 고백과 보속(죄로 인한 나쁜 결과를 보상하는 일) 행위로도 완전하게 사해지는 것이 아니기 때문에, 누구든지 죽으면 연옥에 가서 죄를 씻는 기간을 거쳐야 했다.

교황청은 산 사람이든 죽은 사람이든 연옥에서 지내야 하는 고통의 기간을 단축시켜준다는 명분으로 '면죄부'를 만들어 판매했고, '면죄부를 사는 돈이 상자 속에 떨어지며 소리를 내는 순간, 돈 낸 사람의 영혼은 천국으로 간다'는 말로 사람들을 현혹했다.

피렌체의 메디치 가문 출신으로 사치와 낭비가 심했던 레오 10세는 교황청의 재산을 탕진하고 금고가 바닥나자 베드로 성당의 건축비를 마련하기 위해 면죄부를 발매했다. 그는 유럽 여러 나라에 면죄부 판매원들을 파견했는데, 그들이 바로 『유토피아』 1권에도 등장하는 탁발수사들이었다. 탁발수사들은 교황이 보증하는 면죄부를 팔기 위해 이 집 저 집을 돌아다니면서 문전 행상을 했고, 각 나라의 군주들은 자기 신민들의 주머니에서 거액의 돈이 빠져나가는 것을 마땅치 않게 여겼다.


## 루터의 종교개혁

독일 작센 지역의 군주였던 프리드리히는 자기 나라에서의 면죄부 판매를 금지했다. 그러나 테첼이라는 도미니크 수도회의 노련한 탁발수사가 이 작센의 국경 지역에서 설교를 하면서 면죄부를 팔았고, 인근 도시였던 비텐베르크 주민들은 그의 말을 듣고 면죄부를 샀다.

이에 격분한 비텐베르크 대학의 젊은 교수 마르틴 루터는, 1517년 10월 31일 대학 부속 교회 정문에 면죄부 판매를 반박하고 로마 교회의 부패와 타락을 지적하는 '95개조 논제'를 써서 못 박았다. 충격을 받은 로마 교황은 루터를 파문했으나 그는 이 칙령을 불태워버렸고, 이 일은 유럽 전역에 종교개혁의 불이 번지는 도화선이 되었다.

루터는 가톨릭 교회가 내세우는 공로 중심의 율법주의적 구원론을 반대하고, 오로지 예수 그리스도의 의를 통한 하나님의 은총으로 이루어지는 구원론과, 고유한 기능이 다를 뿐 누구나 하나님의 사제라

교황 레오 10세 마르틴 루터

는 만인제사장론을 주창한다.

　그의 이론은 프리드리히를 비롯해 로마 교회에 불만을 갖고 있던 군주들의 지지를 얻었으며, 그는 이들의 보호를 받으며 저술 활동을 통해 자신의 이론을 발전시켜 나갔다.

　그러나 루터의 개혁이 교회의 제도적 압제와 수탈에 시달리던 사람들의 호응을 얻으면서 힘을 얻기 시작하자 예기치 않은 방향으로 번져나갔다. 곳곳에서 농민들의 봉기가 일어났으며 여기에 도시 빈민층이 가세하면서 엄청난 소요 사태를 몰고 왔다. 놀란 군주들은 서둘러 진압에 나섰고, 이로 인해 자신의 종교개혁 운동에 타격을 입게 된 루터는 소요 지역을 찾아다니며 자제해줄 것을 부탁했으나 분노의 불길을 잠재울 수 없었다.

　그 사이 자신의 가장 큰 지지자이자 후원자였던 프리드리히가 사망

하자 루터는 마침내 『농민들로 이루어진 살인과 도적 떼를 반대하여』라는 소책자를 통해 군주들에게 농민들을 무력으로 진압할 것을 권고하였다. 1526년 농민들의 소요 사태는 거의 대부분 진압되었고, 루터의 종교개혁은 계속되었다.

루터로 인해 불붙은 종교개혁의 불길은 프랑스와 영국 등 전 유럽으로 번져나갔다. 또한 비슷한 시기에 일어난 르네상스 운동과 맞물려 국가는 점차적으로 교회의 억압으로부터 벗어나기 시작했으며, 신학의 시녀로서 빛을 보지 못했던 철학이 과학적인 방법의 도입과 더불어 독자적인 길을 걷기 시작했다. 루터의 개혁은 스위스의 츠빙글리와 칼뱅을 거치면서 한층 더 공고한 개신교의 기틀과 엄격한 프로테스탄트의 윤리관을 만들어냈다.

그러나 독일과 스위스 등지에서 일어나고 있는 개혁 운동에 만족하지 못하고서 더욱 철저한 개혁을 부르짖는 이들도 있었다. 그들은 초기교회로의 복귀를 주장했던 재세례파와 하나님과의 직접적인 만남을 강조하는 신령주의자들과 삼위일체를 반대하는 반 삼위일체파들이었다.

한편 치명적인 공격과 심각한 저항에 부딪힌 가톨릭은 자신들에 대한 반성과 함께, 개신교도들의 공격을 피하기 위한 방어벽을 더욱 단단히 함으로써 더욱 폐쇄적인 모습으로 바뀌었다. 그런가 하면 다른 한쪽에서는 시대적 필요성에 부응해 교황권 옹호와 해외 선교에 힘을 쏟는 교단이 창설되기도 하였다.

## 종교개혁과 르네상스

종교개혁은 교회의 혁신 운동이지만 근대국가의 성립이라는 정치적 변혁과도 밀접한 관계가 있다. 그러나 르네상스적 인문주의와 종교개혁은 본질적으로 그 성격이 다르다.

르네상스와 종교개혁은 중세 교회의 타락과 부패를 지적하고 각각 그리스 로마 고전으로의 복귀와 초기 그리스도교 정신으로의 복귀를 주창함으로써 보다 근본적인 정신을 추구하고자 했던 것에 공통점이 있다.

하지만 르네상스가 휴머니즘에 입각해, 인간 중심적이고 현세적이며 과학적인 태도를 중시했다면, 종교개혁은 중세 가톨릭의 권력 남용과 잘못된 교리들을 비판하긴 했지만 역시 현세보다 내세를 중시했으며, 만인제사장설을 통해 성직자의 신성은 부정했지만 신도들에게 엄격한 윤리관을 요구했다.

또한 르네상스적 인문주의는 예술적이고 귀족적이어서 일반 민중들에게까지 영향력을 미치기에는 한계가 있었으나, 종교개혁은 학생들과 농민들의 적극적인 지지를 얻었으며, 그로 인해 정치, 경제, 사회 각 분야의 변혁에 큰 영향을 미쳤다. 세계에 대한 합리적이고 과학적인 태도를 갖게 한 근원적인 힘도 종교개혁 운동에서 비롯된 것이라 할 수 있다.

# 대항해 시대와 신대륙의 발견

## 신항로 개척의 배경

유럽에서 신항로 개척에 가장 먼저 뛰어든 나라는 포르투갈과 에스파냐였다. 포르투갈과 에스파냐는 다른 나라들에 비해 농업 환경이 열악했을 뿐만 아니라, 생활필수품인 향료, 아마, 면, 금, 은 등 동방에서 나오는 물품들을 얻기 위해서는 아라비아 상인이나 이탈리아 상인을 거쳐야 했다. 따라서 포르투갈과 에스파냐는 동양무역의 이익을 위하여 자력으로 동양에 이르는 새로운 항로를 개척해야 할 필요성이 생겼다.

때맞추어 신항로의 개척을 가능하게 한 과학기술의 발전이 있었다. 나침반과 해도 그리고 조선기술의 발달이 장기간의 원양 항해를 가능하게 했던 것이다.

중국에서 전해진 나침반은 육지가 보이지 않는 대양 항해에서 배의 위치를 확인하고 항해 방향을 결정하는 데 큰 도움을 주었다. 또한 피렌체의 토스카넬리는 최초로 지구구형설에 입각한 해도를 작성했으며, 독일의 베하임은 지구의를 만들었다. 뿐만 아니라 더 단단하고 빠른 배를 만들 수 있는 조선기술은 신항로 개척에 매우 중요한 요소로 작용했다. 배에 대포를 장착할 수 있게 됨으로써 해전술에도 일대 혁신을 가져왔다.

## 신항로 개척의 과정과 신대륙의 발견

당시 향료 무역은 지중해의 주도권을 쥐고 있는 베네치아가 거의 독점하고 있는 상황이어서 유럽의 서쪽 끝에 위치하고 있던 포르투갈이 나아갈 수 있는 방향은 대서양으로 나가 신항로를 개척하는 것이었다. 포르투갈은 15세기 초부터 왕자 엔리케가 여러 차례 아프리카 서해안에 탐험대를 파견하였다. 1486년에 바르톨로뮤 디아스와 바스코 다 가마에 의해 희망봉과 인도 항로가 개척되었고, 인도의 고아를 식민 활동의 거점으로 삼아 향신료와 비단 등을 수입하였다. 이후 아프리카를 돌아 아시아의 중국, 일본 등과도 무역을 시작함으로써 포르투갈은 유럽의 강자로 새롭게 부상하게 되었다.

에스파냐는 이사벨 여왕의 후원 아래 콜럼버스가 개척에 나섰다. 그는 대서양을 횡단하여 오늘날 서인도 제도의 산살바도르 섬에 도착하였다. 그는 이곳을 인도라고 믿었으나 나중에 신대륙이라는 사실이 밝혀졌고, 이를 밝힌 항해자인 아메리고 베스푸치의 이름을 따 아메리카란 이름을 붙였다.

또한 포르투갈 출신의 마젤란은 에스파냐 왕의 후원 아래 대서양을 횡단하고, 아메리카 대륙 남단과 태평양을 건너 필리핀에 도착하였다. 마젤란은 그곳에서 원주민에게 살해되었으나, 일행은 인도와 희망봉을 지나 3년 만에 에스파냐로 돌아왔다(1522). 이것이 최초의 세계 일주이며, 이로써 지구가 둥글다는 것이 입증되었다.


### 신항로 개척의 영향

에스파냐는 아메리카에서 대규모의 광산을 만들어 막대한 양의 귀금속을 유럽으로 가져왔다. 당시 유럽의 화폐는 금화나 은화였으므로 이러한 귀금속의 대량 유입은 곧바로 유럽의 화폐가치를 하락시켜 물

**15세기 당시의 향신료 가게**
진열장에 동양에서 들어온 각종 향신료를 담은 병들이 보인다.

가 상승을 초래했다. 그리하여 유럽의 물가는 16세기 약 백 년 동안에 평균 2~4배가량 상승했다.

이러한 가격 혁명은 임금 노동자나 고정된 지대로 생활하는 지주에게는 불리했으나, 상인이나 수공업자에게는 유리하게 작용하여 자본의 축적에 영향을 주었다.

신항로 발견을 전후한 시기에 유럽의 상인들과 탐험가들이 가장 큰 관심을 보인 동양의 산물은 향신료였다. 원산지에서는 공짜나 다름없는 향료가 여러 상인의 손을 거치면서 은과 같은 값으로 올라 상인들에게 엄청난 이익을 남겼다.

또한 신항로가 개척되면서 유럽 각국은 전 세계로 팽창하고, 동서 문명의 접촉이 활발하게 일어났다. 특히 유럽에 옥수수, 감자, 강낭콩, 토마토, 호박, 향신료, 기호식품 등이 도입되고, 신대륙 아메리카에는 말, 양, 소, 곡물류, 포도, 올리브, 사탕수수, 커피, 쌀 등이 전파되어 식량 생산량이 증가되면서 인구 증가의 기반이 되었다. 광대한 해외 시장의 등장으로 자본이 축적되고 주식회사와 같은 근대적인 기업과 금융제도도 나타났다. 이로써 자본주의가 본격적으로 발전하기 시작하는 시기를 맞게 되었다.

## 아메리고 베스푸치 Amerigo Vespucci(1454~1512)

이탈리아 피렌체 출신의 상인이자 항해사인 베스푸치는 메디치 가와 관계를 맺고 일했다. 그는 세비야의 상관(商館)에 파견되었다가 뒤에 콜럼버스의 2·3차 항해에 사용할 배를 건조하는 일에 참여했다. 그리고 1497~1503년에 걸쳐 신대륙을 여러 번 항해하였다.

1499~1500년에 콜럼버스가 발견한 신대륙을 찾아 떠난 그는 남아메리카 가이아나에 상륙하여 아마존 강을 처음 탐험한 유럽인이 되었다.

포르투갈 국기를 달고 두번째로 남아메리카를 항해한 그는 그곳이

콜럼버스의 믿음과 달리 아시아가 아니라 신대륙임을 확신했다.

그는 자신의 항해 경험을 토대로 1503년에는 『신세계』, 1505년경에는 『4회의 항해에서 새로 발견된 육지에 관한 아메리고 베스푸치의 서한』을 발간했다.

1507년 독일의 지리학자 뮐러는 이 두 개의 항해서에 근거하여, 콜럼버스가 도착한 대륙이 '신세계'임을 발견한 아메리고의 이름을 기념하여 그곳을 '아메리카'라고 부르기를 제창하였고, 이것이 뒤에 승인되었다. 그러나 그의 항해 기록에는 의문점이 많아 그 진위에 대해 논란이 끊이지 않았다.

모어가 활동할 당시에는 베스푸치가 쓴 항해 기록이 유럽에서 널리 읽혔는데, 모어 역시 이러한 글들의 영향을 받았으며, 그중 일부가 『유토피아』에도 반영된 것으로 보인다.